PAPA FRANCISCO

EM SUAS PRÓPRIAS PALAVRAS

ORGANIZAÇÃO
Julie Schwietert Collazo e Lisa Rogak

PAPA FRANCISCO

EM SUAS PRÓPRIAS PALAVRAS

Tradução
Sandra Martha Dolinsky

2ª edição

Rio de Janeiro-RJ / Campinas-SP, 2013

VERUS editora

Editora: Raïssa Castro
Coordenadora editorial: Ana Paula Gomes
Copidesque: Maria Lúcia A. Maier
Revisão: Aline Marques
Projeto gráfico: Valéria Ashkar
Capa: André S. Tavares da Silva
Foto da capa: © Mazur/catholicnews.org.uk

Título original: *Pope Francis in His Own Words*

ISBN: 978-85-7686-273-4

Verus Editora Ltda.
Rua Benedicto Aristides Ribeiro, 55, Jd. Santa Genebra II, Campinas/SP, 13084-753
Fone/Fax: (19) 3249-0001 | www.veruseditora.com.br

CIP-BRASIL. CATALOGAÇÃO NA FONTE
SINDICATO NACIONAL DOS EDITORES DE LIVROS, RJ

C667p

Collazo, Julie Schwietert
Papa Francisco em suas próprias palavras / Julie Schwietert Collazo, Lisa Rogak ; tradução Sandra Martha Dolinsky. - 2. ed. - Campinas, SP : Verus, 2013.
18 cm

Tradução de: Pope Francis in His Own Words
ISBN 978-85-7686-273-4

1. Francisco, papa, 1936 – Citações. 2. Vida cristã - Sermões. I. Rogak, Lisa. II. Título.

13-00411

CDD: 828
CDU: 821.111-8

Revisado conforme o novo acordo ortográfico

Impresso no Brasil pelo Sistema Cameron da Divisão Gráfica da
DISTRIBUIDORA RECORD DE SERVIÇOS DE IMPRENSA S.A.

SUMÁRIO

Introdução 13

Sobre idade e envelhecimento 17
Sobre a nomeação como papa 18
Sobre a Argentina 18
Sobre a guerra suja na Argentina 20
Sobre arte e artistas 21
Sobre o pedido de prece aos católicos 22
Sobre aspirações 22
Sobre o suicídio assistido 23
Sobre os ateus 23
Sobre batizar filhos de pais solteiros 24
Sobre a beleza 25
Sobre ser eleito papa 26
Sobre estar certo... e errado 26
Sobre casamentos do tipo "noiva neurótica" 27
Sobre Buenos Aires 27
Sobre cardeais 29

Sobre catequistas 30
Sobre a vida católica 31
Sobre sacerdotes celibatários 31
Sobre falhas de caráter 32
Sobre o trabalho infantil 32
Sobre as crianças 33
Sobre escolhas 34
Sobre a escolha do nome Francisco 35
Sobre a vida cristã 36
Sobre o Natal 37
Sobre a Igreja 37
Sobre a Igreja em Buenos Aires 39
Sobre a política da Igreja 39
Sobre a ênfase da Igreja no sofrimento 40
Sobre as cidades 40
Sobre cidadania 41
Sobre a civilização 42
Sobre o conclave 43
Sobre o diálogo 43
Sobre a criatividade 44
Sobre a crítica aos líderes da Argentina 45
Sobre a morte 45
Sobre a morte do presidente argentino Néstor Kirchner 45
Sobre a pena de morte 46
Sobre a democracia 46
Sobre o demônio 46

Sobre a dignidade	47
Sobre a dúvida	48
Sobre as drogas	48
Sobre a educação	48
Sobre o elitismo	49
Sobre o evangelismo	49
Sobre a exclusividade	49
Sobre a fé	50
Sobre a família	50
Sobre sua história familiar	51
Sobre seu primeiro tuíte	52
Sobre o futebol como metáfora para a vida	52
Sobre negócios internacionais	53
Sobre o perdão	53
Sobre a fragilidade	54
Sobre a liberdade	54
Sobre o futuro	55
Sobre dar dinheiro a mendigos	55
Sobre a globalização	56
Sobre Deus	58
Sobre as dádivas de Deus	59
Sobre as promessas de Deus	59
Sobre as boas intenções	60
Sobre a fofoca	60
Sobre seu maior medo	60
Sobre gurus	61
Sobre ajudar os pobres	61

Sobre si mesmo 61
Sobre homilias 62
Sobre a homossexualidade 62
Sobre a esperança 63
Sobre os seres humanos 63
Sobre os direitos humanos 64
Sobre o tráfico humano e a escravidão 64
Sobre a humanidade 65
Sobre sua humildade 65
Sobre hipócritas na Igreja 66
Sobre a idolatria 66
Sobre imagens e informação 67
Sobre imigrantes e imigração 67
Sobre a indiferença 68
Sobre a desigualdade 69
Sobre a injustiça 69
Sobre os jesuítas 70
Sobre Jesus 71
Sobre os judeus 71
Sobre a América Latina 72
Sobre a lei 72
Sobre a liderança 73
Sobre a vida 73
Sobre a vida no século XXI 74
Sobre o ouvir 74
Sobre o amor 75
Sobre a mentira 76

Sobre o casamento 76
Sobre a maturidade 76
Sobre a mídia 77
Sobre a mediocridade 79
Sobre as memórias 79
Sobre a misericórdia 80
Sobre sua missão como papa 81
Sobre os maus-tratos a crianças 81
Sobre o dinheiro 82
Sobre a moral 82
Sobre a reação de sua mãe quando
ele escolheu o sacerdócio 83
Sobre o neoliberalismo 83
Sobre ser pais 84
Sobre as festas e o ato de festejar 85
Sobre o passado 85
Sobre padres pedófilos 86
Sobre o pessimismo 86
Sobre a política 87
Sobre os políticos 87
Sobre o papa Bento XVI 88
Sobre possibilidades 88
Sobre a pobreza 89
Sobre o poder 90
Sobre a oração 90
Sobre o sacerdócio 91
Sobre sacerdotes que se desviam 92

Sobre visitas a prisões 92
Sobre o transporte público 93
Sobre nosso relacionamento com Deus 93
Sobre a relação entre Igreja e Estado 94
Sobre o relativismo 94
Sobre a diversidade religiosa 95
Sobre experiências religiosas 95
Sobre a vida religiosa 96
Sobre vocações religiosas 97
Sobre a responsabilidade 97
Sobre o papel do papa 98
Sobre a Cúria Romana 98
Sobre Roma 99
Sobre a salvação 99
Sobre escândalos na Igreja 100
Sobre as escolas 100
Sobre o sectarismo 101
Sobre o serviço 101
Sobre se recusar a andar de limusine depois de se tornar papa 102
Sobre o silêncio 103
Sobre o pecado 103
Sobre a justiça social 104
Sobre as mídias sociais 104
Sobre o mundanismo espiritual 105
Sobre as estatísticas 105
Sobre o sofrimento 106

Sobre o suicídio 107
Sobre o tango 107
Sobre os professores 108
Sobre a tecnologia 108
Sobre a televisão 109
Sobre o tempo 110
Sobre a verdade 111
Sobre a incerteza 112
Sobre a unidade 113
Sobre a vaidade 113
Sobre o Vaticano e o dinheiro 114
Sobre a Virgem Maria 114
Sobre a realidade virtual 115
Sobre a vulnerabilidade 115
Sobre a espera 115
Sobre lavar os pés dos doentes de aids 116
Sobre a desigualdade de riquezas 116
Sobre o que diz ao se despedir 116
Sobre o que vai fazer como papa 117
Sobre o que a Igreja Católica deve a seus fiéis 117
Sobre por que levou quatro anos para entrar no seminário depois de optar pelo sacerdócio 118
Sobre as mulheres 119
Sobre a palavra de Deus 120
Sobre o trabalho 120

Linha do tempo 122
Referências das citações 125

INTRODUÇÃO

"Eu vou com o pessoal, de ônibus."

O que o papa recém-eleito disse ao motorista
da limusine e ao seu segurança depois
de se apresentar à multidão em Roma

Com a eleição do cardeal argentino Jorge Mario Bergoglio como o novo papa da Igreja Católica, em março de 2013, a atenção do mundo todo se voltou não só para o que ele vai fazer como pontífice, mas para o modo como viveu – e pregou – no passado. Até agora, em comparação com outros papas, fica muito claro que ele levou uma vida humilde e pouco convencional. Por exemplo, como cardeal, em vez de ser tratado como "Vossa Eminência", preferiu ser chamado simplesmente de "padre Jorge".

As primeiras fotos publicadas após ter sido apresentado a uma multidão de fiéis satisfeitos na Praça São Pedro revelam que a humildade e o desejo de servir aos pobres são sentimentos profundos nele. Uma, em particular, o mostrou ajoelhado lavando os pés de uma mulher, enquanto outras notícias reportavam que ele havia feito o mesmo com pacientes com aids. É difícil imaginar seu predecessor no Vaticano agindo da mesma forma.

É claro que a humildade e o desejo de estar com pessoas de igual para igual – sejam elas católicas ou não – já lhe renderam um grande número de fãs. Ele faz piadas, não hesita em desafiar os líderes de seu país acerca de suas iniquidades e dispensa motoristas e automóveis de luxo, para se juntar aos plebeus. Além disso, muitas notícias mostram que ele aparenta ter grande compaixão por aqueles que têm sido marginalizados por igrejas de todo tipo.

Ao mesmo tempo, demonstra ser uma pessoa real, com desejos humanos aos quais se entrega de todo o coração (bem, pelo menos a uns poucos...). Afinal, quando foi a última vez que ouvimos falar de um papa que admite amar tango e que jura lealdade eterna a um clube de futebol de Buenos Aires desde criança?

Ele também costuma andar a pé, o que logo lhe rendeu respeito e admiração em todo o mundo. Durante seu mandato como cardeal, em Buenos Aires, Bergoglio se recusou a viver nas acomodações de luxo do palácio que cardeais anteriores chamavam de lar. Em vez disso, alugou um espartano apartamento de um dormitório, onde preparava o próprio jantar. Ia de ônibus ao trabalho, convencendo a diocese a ceder a residência oficial a um grupo de missionários pobres.

✠ ✠ ✠

Quando o conclave se reuniu, em meados de março de 2013, para eleger um novo papa, a Igreja Católica fez três coisas que jamais fizera ao escolher Jorge Mario Bergoglio para pontífice.

Para começar, ele é o primeiro jesuíta já eleito para o cargo. A ordem dos jesuítas tem a reputação de ser uma das mais rebeldes – muitas vezes em conflito direto com a doutrina tradicional da Igreja –, e ao mesmo tempo é conhecida pelo rigor intelectual.

Em segundo lugar, ele é o primeiro papa proveniente das Américas e, de fato, o primeiro da América Latina, região que detém a maior porcentagem de população católica do mundo, quase 40%.

Por fim, é também o primeiro pontífice a escolher o nome Francisco, em homenagem a são Francisco de Assis, um italiano que dedicou a vida aos pobres e criou a ordem religiosa dos franciscanos.

Para os católicos, acostumados com papas austeros e autoritários, como Bento XVI, a eleição de Jorge Mario Bergoglio pelo conclave é emocionante e alegre, relembrando os bons tempos de João Paulo II. E, uma vez que o papa é um líder mundial, em pé de igualdade com presidentes e primeiros-ministros, não há dúvida de que outros líderes mundiais já estejam se alinhando para uma audiência com ele.

Em pouco tempo, o papa Francisco causou um impacto indelével nos católicos, que se sentiram otimistas acerca da fé e da vida.

A melhor maneira de católicos e não católicos, que estejam curiosos sobre o novo papa, saberem mais sobre ele é por meio de seus próprios escritos – ele escreveu uma série de livros e inúmeras cartas e sermões – e entrevistas anteriores. *Papa Francisco em suas próprias palavras* permitirá aos leitores exatamente isso, com as opiniões e os pensamentos do novo papa condensados em concisos fragmentos, para que todos, católicos ou não, possam conhecer mais sobre o "padre Jorge".

SOBRE IDADE E ENVELHECIMENTO

A velhice, dizem, é a sede da sabedoria. Os mais velhos têm a sabedoria que ganharam de caminhar pela vida, como Ana e o velho Simeão no templo, cuja sabedoria lhes permitiu reconhecer Jesus. Vamos prestar nosso serviço à juventude com sabedoria: como o bom vinho, que quanto mais velho melhor, vamos dar aos jovens a sabedoria de nossa vida.

Discurso a cardeais, *The Vatican Today*,
15 de março de 2013

O idoso é o transmissor da história, aquele que nos traz as recordações, a memória do povo, de nossa pátria, da família, de uma cultura, de uma religião. Viveu muito, e mesmo que tenha sido um cretino, merece uma consideração séria.

Sobre o céu e a terra, 2013

A amargura do idoso é pior que qualquer outra, porque é sem volta.

Sobre o céu e a terra, 2013

✠ ✠ ✠

SOBRE A NOMEAÇÃO COMO PAPA

Não quero deixar as pessoas esperando. *(Antes de aparecer na sacada para cumprimentar o povo na Praça São Pedro.)*

13 de março de 2013

Irmãos e irmãs, boa noite. *(Primeiras palavras dirigidas à multidão como papa.)*

13 de março de 2013

✠ ✠ ✠

SOBRE A ARGENTINA

É verdade que nós, argentinos, não queremos dialogar? Eu não diria isso. Creio que sucumbimos vítimas de atitudes que não nos permitem dialogar: a prepotência, não saber escutar, a exasperação da linguagem comunicativa [...] e tantas outras.

Sobre o céu e a terra, 2013

Nossa dolorosa história política tem muitas vezes atraído o silêncio. O uso de eufemismos nos tem anestesiado com frequência.

Homilia, Páscoa de 2008

A Argentina chegou a um momento crítico de tomada de decisão... a decisão de continuar como um país, para aprender com suas experiências dolorosas do passado e dar início a um novo caminho, ou de se afogar na miséria, no caos, na perda de valores e na decomposição da sociedade.

Mensagem anual para comunidades educacionais,
Páscoa de 2002

Ainda me atrevo a dizer: nós, argentinos, temos uma longa história de intolerância mútua.

Homilia, Páscoa de 2005

Vivemos na parte mais desigual do mundo, onde tem crescido ainda mais a miséria, já reduzida ao mínimo. A injusta distribuição dos bens persiste, criando uma situação de pecado social que clama ao céu e limita as possibilidades de uma vida mais plena para muitos de nossos irmãos.

Discurso no Celam (Conselho Episcopal Latino-Americano),
21 de maio de 2007

✠ ✠ ✠

SOBRE A GUERRA SUJA NA ARGENTINA

Na Igreja, houve cristãos dos dois lados, cristãos mortos na guerrilha, cristãos que ajudaram a salvar gente e cristãos repressores que achavam que estavam salvando a pátria.

Sobre o céu e a terra, 2013

Acreditamos que as medidas tomadas pelo sistema de justiça no esclarecimento desses eventos devem servir para renovar os esforços de todos os cidadãos à reconciliação, e são um apelo para que nos distanciemos não só da impunidade, mas do ódio e do rancor também. [Todos os católicos que participaram o fizeram] sob sua própria responsabilidade, errando e pecando gravemente contra Deus, contra a humanidade e contra sua própria consciência.

Agência Inter Press Service, 11 de outubro de 2007

Os horrores cometidos durante o governo militar foram ficando conhecidos a conta-gotas; para mim, é uma das maiores máculas que pesam sobre nossa pátria.

Sobre o céu e a terra, 2013

✠ ✠ ✠

SOBRE ARTE E ARTISTAS

Os artistas bem sabem que a beleza não é apenas reconfortante; ela também pode trazer inquietação. Os grandes mestres sabem como apresentar de forma bela essas realidades da condição humana que são mais trágicas e dolorosas.

Dissertação do arcebispo na Adepa (Associação de Entidades Jornalísticas Argentinas), 6 de abril de 2006

A Argentina deu ao mundo muitos escritores e artistas de qualidade [...] em todos os gêneros, desde os mais tradicionais até aqueles que expressam os pontos de vista das gerações mais jovens. Todos dizem algo sobre quem somos e o que queremos ser!

Mensagem anual para comunidades educacionais, Páscoa de 2006

A crucificação branca, de Marc Chagall. *(Seu quadro favorito.)*

O papa Francisco, 2013

✠ ✠ ✠

SOBRE O PEDIDO DE PRECE AOS CATÓLICOS

Eu gostaria de lhes dar uma bênção, mas, primeiro, quero lhes pedir um favor. Antes que o bispo abençoe o povo, peço que orem ao Senhor para que me abençoe.

Primeira bênção como papa, 13 de março de 2013

✠ ✠ ✠

SOBRE ASPIRAÇÕES

Ninguém pode crescer se não aceitar sua pequenez.

Homilia, 25 de maio de 2006

✠ ✠ ✠

SOBRE O SUICÍDIO ASSISTIDO

Na Argentina há eutanásia clandestina. Serviços sociais pagam até certo ponto; se passar disso, "morra, você é muito velho". Hoje, os idosos são descartados, quando, na realidade, são a sede da sabedoria da sociedade. O direito à vida significa permitir que as pessoas vivam, significa não matar, mas permitir que cresçam, que comam, que recebam educação, saúde, e que morram com dignidade.

LifeSiteNews.com, 5 de outubro de 2007

Uma cultura de descarte dos idosos.

Discurso, Documento de Aparecida, 2 de outubro de 2007

✠ ✠ ✠

SOBRE OS ATEUS

Não diria que sua vida [do ateu] está condenada porque tenho certeza de que não tenho direito de julgar a honestidade dessa pessoa.

Sobre o céu e a terra, 2013

Nem todos os presentes pertencem à fé católica, e outros não creem. Respeito a consciência de cada um de vocês, sabendo que cada um é um filho de Deus. Que Deus os abençoe.

Entrevista coletiva no Vaticano, 16 de março de 2013

Conheço mais gente agnóstica que ateia; o primeiro é mais dubitativo, o segundo está convencido.

Sobre o céu e a terra, 2013

✠ ✠ ✠

SOBRE BATIZAR FILHOS DE PAIS SOLTEIROS

A criança não tem absolutamente nenhuma responsabilidade pelo estado civil de seus pais. E, muitas vezes, um batismo pode ser um novo começo para os pais também.

30 Giorni, agosto de 2009

Em nossa região eclesiástica, alguns padres não batizam filhos de mães solteiras, porque não foram concebidos na santidade do matrimônio. Esses são os hipócritas de hoje: aqueles que "clericalizam" a Igreja, aqueles que separam o povo de Deus da salvação. E essa pobre garota, que em vez de devolver a criança ao remetente teve a coragem de trazê-la ao mundo, tem que vagar de paróquia em paróquia até conseguir batizar seu filho!

New York Daily News, 14 de março de 2013

✠ ✠ ✠

SOBRE A BELEZA

Poucas coisas são mais comoventes que a necessidade humana de beleza que têm todos os corações.

Dissertação do arcebispo na Adepa, 6 de abril de 2006

Por ser humana, às vezes a beleza é trágica, surpreendente, comovente; em algumas ocasiões, obriga-nos a pensar sobre o que não queremos ou nos mostra o erro em nossos caminhos.

Dissertação do arcebispo na Adepa, 6 de abril de 2006

✠ ✠ ✠

SOBRE SER ELEITO PAPA

Como vocês sabem, o dever do conclave é dar a Roma um bispo. Parece que meus irmãos cardeais foram quase até o fim do mundo. Mas aqui estamos nós.

Primeira bênção comc papa, 13 de março de 2013

Que Deus os perdoe. *(No primeiro jantar com os cardeais, após sua eleição para papa.)*

✠ ✠ ✠

SOBRE ESTAR CERTO... E ERRADO

Não tenho todas as respostas. Nem todas as perguntas [...]. Confesso que, em geral, por conta de meu temperamento, a primeira resposta que me surge é equivocada [...]. É curioso, mas é assim.

O papa Francisco, 2013

✠ ✠ ✠

SOBRE CASAMENTOS DO TIPO "NOIVA NEURÓTICA"

Em algumas igrejas – e não sei como mudar isso, sinceramente –, vê-se nos casamentos uma competição feroz entre as madrinhas e a noiva [...]. Essas mulheres não realizam nenhum ato religioso, vão se exibir. Isso pesa em minha consciência; como pastor, estou permitindo isso, e não vejo como remediar.

Sobre o céu e a terra, 2013

✠ ✠ ✠

SOBRE BUENOS AIRES

Cidade distraída, cidade dispersa, cidade egoísta: chore. Você precisa ser purificada por suas lágrimas... Que esta cidade desmiolada e superficial seja purificada por seu sofrimento.

Homilia, 30 de dezembro de 2005

Para muitos, Buenos Aires é uma fábrica de escravos [...], um moedor de carne que destrói sua vida, quebra sua vontade e os priva de liberdade.

Vatican Insider, 15 de dezembro de 2011

Na escola nos ensinaram que a escravidão foi abolida, mas sabem de uma coisa? É um conto de fadas! Porque em Buenos Aires a escravidão ainda é comum de várias formas. Nesta cidade, os trabalhadores são explorados em fábricas clandestinas e, se forem imigrantes, são impedidos de sair. Nesta cidade, há crianças que vivem nas ruas há anos. Nesta cidade, as mulheres são sequestradas e submetidas ao uso e ao abuso de seu corpo, o que destrói sua dignidade. Há homens aqui que abusam e ganham dinheiro com carne humana. Os cães são tratados melhor que esses nossos escravos! Vamos expulsá-los! Vamos nos livrar deles!

Homilia, 23 de setembro de 2011

Esta cidade não sabe como chorar. Tudo é consertado com anestésicos... praticamente todos eles iam ganhar o pão de cada dia. Com dignidade! Pai, não vamos nos acostumar à ideia de que para ganhar o pão de cada dia temos que viajar como gado. *(Após a morte de 52 pessoas em virtude do choque de um trem na plataforma de uma estação em Buenos Aires.)*

Homilia, 23 de março de 2012

Como é bom andar assim, lentamente, sentindo a presença de outras pessoas, cantando, olhando para frente, para o céu, rezando por aqueles que não estão conosco em Buenos Aires!

Homilia, 24 de maio de 2008

Quando rezo pela cidade de Buenos Aires, agradeço porque nasci aqui.

Discurso no I Congresso Regional da Pastoral Urbana,
25 de agosto de 2011

✠ ✠ ✠

SOBRE CARDEAIS

O cardinalato é um serviço, não um prêmio do qual se gabar.

Vatican Insider, 24 de fevereiro de 2013

Cardeais não são representantes de ONGs, mas servos do Senhor, inspirados pelo Espírito Santo, que é aquele realmente capaz de diferenciar carismas, unificando-os na Igreja. Um cardeal deve ser capaz de diferenciar-se entre carismas e ao mesmo tempo visar à unidade, ciente de que o criador da diferença e da unidade é o próprio Espírito Santo. Cardeais que não entram nesse estado de espírito, a meu ver, não são cardeais na forma como Bento XVI gostaria que fossem.

Vatican Insider, 24 de fevereiro de 2012

✠ ✠ ✠

SOBRE CATEQUISTAS

Espero que não haja espaço entre vocês para múmias apostólicas... Por favor, não! Vão para um museu, múmias ficam melhor lá.

Discurso no Encontro Arquidiocesano de Catequese, 12 de março de 2005

✠ ✠ ✠

SOBRE A VIDA CATÓLICA

Quando não se anda, se para. Quando não se constrói em pedra, o que acontece? Acontece como com as crianças na praia quando fazem castelos de areia; tudo desaba, sem substância.

Homilia, primeira missa papal, 14 de março de 2013

Caminhar, construir, confessar. Mas a questão não é tão fácil, porque no caminhar, na construção, na confissão às vezes há choques, movimentos que não são propriamente os da jornada: movimentos que nos fazem retroceder.

Homilia, primeira missa papal, 14 de março de 2013

✠ ✠ ✠

SOBRE SACERDOTES CELIBATÁRIOS

Se, hipoteticamente, o catolicismo ocidental revisasse o tema do celibato [...]. Por ora, sou a favor de que se mantenha o celibato, com seus prós e contras, porque são dez séculos de boas experiências mais que de falhas.

Sobre o céu e a terra, 2013

✠ ✠ ✠

SOBRE FALHAS DE CARÁTER

Não é inconstante e medíocre a vaidade que nos faz construir muros, sejam eles de riqueza ou poder, violência ou impunidade?

Homilia, 25 de maio de 2011

Fiquei surpreso e perplexo quando perguntei a um conhecido como estava, e ele respondeu: "Mal, mas a gente se acostuma".

Homilia, 22 de fevereiro de 2012

✠ ✠ ✠

SOBRE O TRABALHO INFANTIL

A promoção e o fortalecimento do trabalho adulto podem evitar [o fenômeno do] trabalho infantil. É muito difícil que uma criança saia para procurar trabalho se seus pais tiverem um trabalho significativo, que lhes permita atender às necessidades de sua família.

Carta para a juventude, 1º de outubro de 2005

✠ ✠ ✠

SOBRE AS CRIANÇAS

Que mundo estamos deixando para nossas crianças? Talvez fosse melhor perguntar: "Que crianças estamos dando a este mundo?"

Homilia, 1º de setembro de 1999

Temos em nossas mãos a responsabilidade, e também a possibilidade, de tornar este mundo muito melhor para nossos filhos.

Homilia, Páscoa de 2005

Temos que ter consciência da emergência que enfrentam nossas crianças e jovens.

Carta para a juventude, 1º de outubro de 2005

Tantas crianças não sabem orar!

Homilia, Quarta-Feira de Cinzas, 25 de fevereiro de 2004

Crianças são maltratadas, não são educadas ou alimentadas. Muitas são transformadas em prostitutas e exploradas. E isso acontece aqui em Buenos Aires, na grande cidade do sul. A prostituição infantil é oferecida em alguns hotéis cinco estrelas: está incluída no menu de entretenimento, sob o título "Outros".

Discurso, 2 de outubro de 2007

✠ ✠ ✠

SOBRE ESCOLHAS

A cada dia, todos nós enfrentamos a escolha entre ser um bom samaritano e ser viajantes indiferentes que simplesmente passam.

Homilia, 25 de maio de 2003

✠ ✠ ✠

SOBRE A ESCOLHA DO NOME FRANCISCO

O homem dos pobres. O homem da paz. O homem que amou e cuidou da criação – e neste momento não temos uma grande relação com o criador. O homem que nos dá esse espírito de paz, o homem pobre que queria uma Igreja pobre.

Entrevista coletiva no Vaticano, 16 de março de 2013

Francisco também é o homem da paz. Foi assim que o nome veio em meu coração: Francisco de Assis. Para mim, ele é o homem da pobreza, o homem da paz, o homem que ama e protege a criação.

Entrevista coletiva no Vaticano, 16 de março de 2013

[Ele] trouxe ao cristianismo toda uma concepção sobre a pobreza *versus* o luxo, o orgulho e a vaidade dos poderes civis e eclesiásticos daquela época. Levou adiante uma mística da pobreza, do despojo, e mudou a história.

Sobre o céu e a terra, 2013

✠ ✠ ✠

SOBRE A VIDA CRISTÃ

A verdade cristã é atraente e persuasiva porque atende às necessidades profundas da existência humana, anunciando de modo convincente que Cristo é o único Salvador do homem e de todas as pessoas. Esse anúncio é tão válido hoje como era no início do cristianismo, quando houve uma grande expansão missionária do Evangelho.

Discurso a cardeais, *The Vatican Today*, 15 de março de 2013

[Viver] a vida cristã é dar testemunho com alegria, como fazia Jesus.

O papa Francisco, 2013

A vida cristã é sempre uma caminhada na presença de Deus, mas não é isenta de lutas e provações.

Homilia, 11 de março de 2006

Na vida de todo cristão [...] haverá a experiência do deserto, da purificação interior, da noite escura.

Homilia, 11 de março de 2006

✠ ✠ ✠

SOBRE O NATAL

O que é o espírito de Natal? Ao longo dos anos, o mundo da cultura tentou expressá-lo de mil maneiras e conseguiu nos aproximar do significado do espírito de Natal. Quantas histórias de Natal nos aproximam disso?

La Nación, 23 de dezembro de 2011

✠ ✠ ✠

SOBRE A IGREJA

Uma Igreja autorreferencial é a mesma coisa que uma pessoa autorreferencial: fica paranoica, autista. É verdade que, ao sair à rua, pode acontecer o mesmo que a qualquer um: acidentar-se. Mas prefiro mil vezes uma Igreja acidentada a uma Igreja doente. Em outras palavras, acredito que uma Igreja que se reduz ao administrativo, a conservar seu pequeno rebanho, é uma Igreja que, com o tempo, adoece.

O papa Francisco, 2013

Se, ao longo da história, a religião teve tanta evolução, por que não vamos pensar que no futuro também se adequará à cultura de seu tempo?

Sobre o céu e a terra, 2013

A Igreja é mãe e fala com o povo como uma mãe fala com seu filho, com a confiança de que a criança já sabe que tudo que ensina é para o bem dela, porque sabe que é amada.

Homilia, 19 de janeiro de 2005

A Igreja foi, é e continuará sendo perseguida.

Homilia, 23 de abril de 2007

Como eu adoraria uma Igreja pobre para os pobres!

Entrevista coletiva no Vaticano, 16 de março de 2013

Não devo me escandalizar pelo fato de a Igreja ser minha mãe: devo ver seus pecados e falhas como veria os pecados e deficiências de minha mãe. E, quando penso nela, lembro-me das coisas boas e belas que conseguiu, mais que em suas fraquezas e defeitos. Uma mãe se defende com um coração cheio de amor antes que com palavras. Gostaria de saber se existe algum amor pela Igreja no coração daqueles que dão tanta atenção aos escândalos.

America Magazine, 13 de março de 2013

✠ ✠ ✠

SOBRE A IGREJA EM BUENOS AIRES

Em vez de apenas ser uma Igreja que acolhe e recebe, tentamos ser uma Igreja que sai de si e vai para os homens e mulheres que não participam da vida da paróquia, que não sabem muito sobre isso e são indiferentes a ela. Organizamos missões em praças públicas, onde muitas pessoas se reúnem normalmente: oramos, celebramos missa e oferecemos o batismo, que administramos após uma breve preparação.

Vatican Insider, 24 de fevereiro de 2013

✠ ✠ ✠

SOBRE A POLÍTICA DA IGREJA

O papa [...] falou sobre Tiago e João e as tensões entre os primeiros seguidores de Jesus por conta de quem deveria ser o primeiro. Isso nos mostra que certas atitudes e discussões existiam na Igreja desde o início.

Vatican Insider, 24 de fevereiro de 2012

Há setores dentro das religiões tão prescritivos que se esquecem do lado humano.

Sobre o céu e a terra, 2013

Sei que para as religiões houve épocas piores que a atual, contudo elas sobreviveram.

Sobre o céu e a terra, 2013

✠ ✠ ✠

SOBRE A ÊNFASE DA IGREJA NO SOFRIMENTO

É verdade que em alguns momentos se exagerou a questão do sofrimento [...]. A exaltação do sofrimento na Igreja depende muito da época e da cultura.

O papa Francisco, 2013

✠ ✠ ✠

SOBRE AS CIDADES

Toda grande cidade tem muitas riquezas, muitas possibilidades, mas também muitos perigos.

Homilia, 12 de março de 2005

A cidade é também uma mãe.

Homilia, 30 de dezembro de 2005

✠ ✠ ✠

SOBRE CIDADANIA

A sociedade política só vai resistir se a satisfação das necessidades humanas comuns for nossa vocação. Esse é o papel do cidadão.

Homilia, 25 de maio de 1999

Somos pessoas históricas. Vivemos no tempo e no espaço. Cada geração precisa da anterior e tem um dever para com a que vem depois. E isso, em grande medida, é o que significa ser uma nação: entender a nós mesmos como a continuação do trabalho de outros homens e mulheres que já fizeram sua parte.

Mensagem anual para comunidades educacionais,
Páscoa de 2002

Nós não devemos esperar tudo daqueles que nos governam; isso seria uma infantilidade.

Homilia, 25 de maio de 2003

As pessoas são sujeitos históricos, o que significa cidadãos e membros da nação. O Estado e a sociedade devem gerar condições sociais que promovam e atuem como guardiãs de seus direitos, permitindo que sejam construtoras de seu próprio destino.

Discurso na Jornada Arquidiocesana da Pastoral Social,
16 de outubro de 2010

✠ ✠ ✠

SOBRE A CIVILIZAÇÃO

É possível construir uma nova civilização centrada no amor e na vida.

Homilia, 25 de setembro de 2004

✠ ✠ ✠

SOBRE O CONCLAVE

O período do conclave esteve cheio de significado, não só para o Colégio dos Cardeais, mas para todos os fiéis. Nesses dias sentimos, de forma quase tangível, o afeto e a solidariedade da Igreja de todo o mundo, bem como a atenção de muitas pessoas que, embora não compartilhem nossa fé, veem a Igreja e a Santa Sé com respeito e admiração.

Discurso a cardeais, *The Vatican Today*, 15 de março de 2013

✠ ✠ ✠

SOBRE O DIÁLOGO

Seria possível, para nós, estarmos mais atentos ao que dizemos aos outros e ao que não dizemos?

Mensagem anual para comunidades educacionais,
Páscoa de 2002

Para dialogar é preciso saber baixar as defesas, abrir as portas de casa e oferecer calor humano.

Sobre o céu e a terra, 2013

O verdadeiro crescimento na consciência humana não pode se fundamentar em outra coisa senão na prática do diálogo e do amor.

Mensagem anual para comunidades educacionais,
Páscoa de 2002

✠ ✠ ✠

SOBRE A CRIATIVIDADE

O desafio de seres criativos é suspeitar de todo discurso, pensamento, afirmação ou proposta que se apresente como "o único caminho possível". Sempre existem outros. Há sempre outra possibilidade.

Mensagem anual para comunidades educacionais,
9 de abril de 2003

Se para construir algo tivermos que desfazer e desprezar o que os outros fizeram antes de nós, como poderemos criar algo sólido?

Mensagem anual para comunidades educacionais,
9 de abril de 2003

✠ ✠ ✠

SOBRE A CRÍTICA AOS LÍDERES DA ARGENTINA

Em vez de impedir, parece que optaram por tornar as desigualdades ainda maiores.

The Guardian, 13 de março de 2013

✠ ✠ ✠

SOBRE A MORTE

A morte está todos os dias em meu pensamento.

O papa Francisco, 2013

✠ ✠ ✠

SOBRE A MORTE DO PRESIDENTE ARGENTINO NÉSTOR KIRCHNER

E hoje estamos aqui para orar por um homem chamado Néstor, que foi recebido pelas mãos de Deus e que, em seu momento, foi ungido por seu povo [para conduzi-lo].

Homilia, 27 de outubro de 2010

✠ ✠ ✠

SOBRE A PENA DE MORTE

A pena de morte, antes, era um dos castigos que o cristianismo aceitou. Mas hoje a consciência moral se aprimorou muito, e no catecismo se diz que é melhor que não exista.

Sobre o céu e a terra, 2013

✠ ✠ ✠

SOBRE A DEMOCRACIA

É claro que participar da vida política é uma maneira de honrar a democracia.

Sobre o céu e a terra, 2013

✠ ✠ ✠

SOBRE O DEMÔNIO

O demônio é, teologicamente, um ser que optou por não aceitar o plano de Deus.

Sobre o céu e a terra, 2013

Quem não ora para Jesus Cristo ora para o Diabo.

Primeira homilia como papa, 15 de março de 2013

E, na experiência pessoal, sinto isso cada vez que sou tentado a fazer algo que não é o que Deus me pede.

Sobre o céu e a terra, 2013

✠ ✠ ✠

SOBRE A DIGNIDADE

Não existe uma única violação da dignidade de um homem ou de uma mulher que possa ser justificada por qualquer outra coisa ou ideia. Nem uma única.

Mensagem anual para comunidades educacionais,
18 de abril de 2007

Quando uma pessoa ou um povo vende sua dignidade, ou a barganha [...], todo o resto perde consistência e deixa de ter valor.

Homilia, 7 de agosto de 2007

✠ ✠ ✠

SOBRE A DÚVIDA

Os grandes dirigentes do povo de Deus foram homens que deixaram lugar para a dúvida.

Sobre o céu e a terra, 2013

✠ ✠ ✠

SOBRE AS DROGAS

O álcool e as drogas são um atalho fácil.

The Guardian, 16 de março de 2013

✠ ✠ ✠

SOBRE A EDUCAÇÃO

A educação é a genuína expressão do amor social.

Mensagem anual para comunidades educacionais,
27 de abril de 2006

✠ ✠ ✠

SOBRE O ELITISMO

A impaciência das elites ilustres não entende a laboriosa marcha diária do povo nem a mensagem do homem sábio.

Homilia, 25 de maio de 2004

✠ ✠ ✠

SOBRE O EVANGELISMO

Temos que sair e falar com as pessoas que vemos nas varandas. Temos que sair de nossa concha e lhes dizer que Jesus vive [...], dizer com alegria [...], mesmo que às vezes pareça um pouco louco.

Homilia, 11 de março de 2000

✠ ✠ ✠

SOBRE A EXCLUSIVIDADE

Às vezes eu me pergunto se nós, a Igreja, somos cúmplices de uma cultura da exclusão, na qual não há mais espaço para o idoso, para a criança, na qual não há tempo para parar na estrada, como o bom samaritano.

Homilia, 12 de março de 2005

✠ ✠ ✠

SOBRE A FÉ

As pessoas perguntam por que gastamos nosso tempo tocando uma estátua quando poderíamos estar procurando emprego. Fazemos isso porque a fé vai nos ajudar. Fazemos isso porque a fé permanece. Fazemos isso porque a fé é tudo que temos em um momento como esse.

Washington Post, 8 de agosto de 2003

Bento XVI insistiu que a renovação da fé é uma prioridade e a apresenta como um dom que deve ser passado adiante, uma dádiva a ser oferecida aos outros e compartilhada gratuitamente. Não é uma posse, mas uma missão.

Vatican Insider, 24 de fevereiro de 2012

✠ ✠ ✠

SOBRE A FAMÍLIA

A família é o centro natural da vida humana.

Parish and Family, 18 de janeiro de 2007

A Igreja tenta demonstrar à mentalidade moderna que a família alicerçada no matrimônio tem dois valores essenciais para todas as sociedades e todas as culturas: estabilidade e fecundidade.

Parish and Family, 18 de janeiro de 2007

Os papéis de paternidade, maternidade, filho ou filha, irmão ou irmã, são a base de qualquer sociedade, e sem eles toda a sociedade perderia consistência e se tornaria anárquica.

Parish and Family, 18 de janeiro de 2007

✠ ✠ ✠

SOBRE SUA HISTÓRIA FAMILIAR

[Meus pais] se conheceram em 1934 na missa [...]. Casaram-se no ano seguinte.

O papa Francisco, 2013

✠ ✠ ✠

SOBRE SEU PRIMEIRO TUÍTE

Queridos amigos, agradeço-lhes de coração e peço que continuem a orar por mim. Papa Francisco.

Twitter, @Pontifex

✠ ✠ ✠

SOBRE O FUTEBOL COMO METÁFORA PARA A VIDA

É como no futebol: você tem que cobrar as faltas onde elas acontecem, não pode escolher onde vão cair. A vida é assim, e você tem que lidar com isso, gostando ou não.

Homilia, 10 de março de 2012

✠ ✠ ✠

SOBRE NEGÓCIOS INTERNACIONAIS

O dinheiro também tem pátria, e aquele que explora uma indústria no país e leva o dinheiro para guardá-lo fora está pecando. Porque não honra com esse dinheiro o país que lhe dá a riqueza, o povo que trabalha para gerar essa riqueza.

Sobre o céu e a terra, 2013

✠ ✠ ✠

SOBRE O PERDÃO

Pedimos a graça de nunca nos cansarmos de pedir perdão, pois Deus nunca se cansa de perdoar.

Homilia, 17 de março de 2013

Se Deus não perdoasse, o mundo não existiria.

Homilia, 17 de março de 2013

✠ ✠ ✠

SOBRE A FRAGILIDADE

Convido vocês a reconhecer o tesouro escondido em sua fragilidade.

Homilia, 21 de agosto de 2003

Deus, quando olha para nossa fragilidade, convida-nos a cuidar dela não com medo, mas com ousadia.

Homilia, 8 de abril de 2004

✠ ✠ ✠

SOBRE A LIBERDADE

A cegueira de espírito nos impede de ser livres.

Homilia, 25 de maio de 2004

Esta é a luta de cada um: ser livre ou ser escravo.

Homilia, 4 de setembro de 2003

✠ ✠ ✠

SOBRE O FUTURO

Em nenhum outro momento na história da humanidade houve a possibilidade, como temos agora, de construir uma comunidade mundial plural e unificada.

Mensagem anual para comunidades educacionais,
Páscoa de 2002

✠ ✠ ✠

SOBRE DAR DINHEIRO A MENDIGOS

Às vezes pergunto a quem se confessa se dá esmola aos mendigos. Quando me dizem que sim, continuo perguntando: "E olha nos olhos daquele a quem dá esmola, toca sua mão?" E aí começam a se enrolar, porque muitos jogam a moeda e viram a cara.

Sobre o céu e a terra, 2013

✠ ✠ ✠

SOBRE A GLOBALIZAÇÃO

Para combater os efeitos da globalização, que levou ao fechamento de muitas fábricas e, consequentemente, à miséria e ao desemprego, é preciso promover o crescimento econômico de baixo para cima, com a criação de pequenas e médias empresas. A ajuda externa não deve apenas vir na forma de fundos, mas também reforçar uma cultura de trabalho e uma política de cultura.

La Stampa, dezembro de 2001

Se concebermos a globalização como uma bola de bilhar, anulam-se as ricas virtudes de cada cultura.

Sobre o céu e a terra, 2013

A globalização, como uma ideologia econômica e social, tem afetado negativamente nossas comunidades mais pobres.

Discurso no Celam, maio de 2007

A globalização, como uma imposição unidirecional e uniforme de valores, práticas e bens, anda de mãos dadas com a imitação e a subordinação cultural, intelectual e espiritual.

Mensagem anual para comunidades educacionais,
Páscoa de 2002

A globalização que uniformiza é essencialmente imperialista e instrumentalmente liberal, mas não é humana. Em última instância, é uma maneira de escravizar os povos.

Sobre o céu e a terra, 2013

A globalização tem significado uma deterioração acelerada das raízes culturais, com a invasão de outras tendências, seja na música, nas empresas de *fast-food*, nos *shoppings*, nos meios de comunicação etc.

Discurso no Celam, maio de 2007

De Bangcoc a São Paulo, de Buenos Aires a Los Angeles ou Sydney, muitos jovens escutam as mesmas bandas, as crianças veem os mesmos desenhos animados, as famílias se vestem, comem e se divertem nas mesmas redes. Entretanto, essa globalização é uma realidade ambígua.

Mensagem anual para comunidades educacionais,
Páscoa de 2002

✠ ✠ ✠

SOBRE DEUS

Quando alguém é autossuficiente, quando tem todas as respostas para todas as perguntas, é uma prova de que Deus não está com ele.

Sobre o céu e a terra, 2013

O que mais importa para Deus é que somos seus amigos.

Homilia, 17 de abril de 2003

Podemos dizer, sem ser irreverentes: não há ninguém mais "ineficiente" que Deus.

Mensagem anual para comunidades educacionais, Páscoa de 2004

Deus não é como os ídolos, que têm ouvidos, mas não ouvem. Ele não é como os poderosos, que só ouvem o que desejam. Ele ouve tudo... e não apenas ouve, gosta de ouvir.

Homilia, 7 de agosto de 2006

Deus não é uma espécie de Andreani [empresa de logística], que envia mensagens o tempo todo.

Sobre o céu e a terra, 2013

✠ ✠ ✠

SOBRE AS DÁDIVAS DE DEUS

Quando o homem fica só com o dom e não faz a tarefa, não cumpre seu preceito e fica primitivo; quando o homem se entusiasma demais com a tarefa, esquece o dom e cria uma ética construtivista: pensa que tudo é fruto de suas mãos e que não há dom.

Sobre o céu e a terra, 2013

✠ ✠ ✠

SOBRE AS PROMESSAS DE DEUS

Ele não promete riqueza ou poder, mas proteção e a maior segurança que podemos encontrar: refúgio no nome de Deus. Promete sua intimidade, o calor do Pai, seu abraço cheio de ternura e compreensão.

Homilia, 30 de janeiro de 2005

✠ ✠ ✠

SOBRE AS BOAS INTENÇÕES

A intenção não basta. Não basta para nossos irmãos e irmãs mais necessitados, vítimas da injustiça e da exclusão, aqueles a quem "o interior do nosso coração" não ajuda em suas necessidades. A intenção não basta nem para nós mesmos.

Mensagem anual para comunidades educacionais,
Páscoa de 2004

✠ ✠ ✠

SOBRE A FOFOCA

O que é a fofoca? É uma verdade fora do contexto.

O papa Francisco, 2013

✠ ✠ ✠

SOBRE SEU MAIOR MEDO

É verdade que a cultura hedonista, consumista e narcisista vai se infiltrando no catolicismo. Contagia-nos [...], corre o risco de perder a essência religiosa. É isso que temo.

Sobre o céu e a terra, 2013

✠ ✠ ✠

SOBRE GURUS

Não existe nenhum guru aqui que possa explicar o mistério humano para nós; ninguém que possa dizer que isso vai ser assim e que vai dar tudo certo.

Homilia, 23 de março de 2012

✠ ✠ ✠

SOBRE AJUDAR OS POBRES

O grande perigo – ou a grande tentação – na assistência aos pobres é cair no paternalismo protetor, que, em última instância, não os deixa crescer.

Sobre o céu e a terra, 2013

✠ ✠ ✠

SOBRE SI MESMO

E, por favor, não deixem de orar por mim, porque, bem, eu preciso disso.

Homilia, 9 de junho de 2007

Não gosto de falar sobre o que não vi ou o que não sei.

Homilia, 7 de setembro de 2008

✠ ✠ ✠

SOBRE HOMILIAS

Uma boa homilia dominical deve ter o gosto do vinho novo, que renova o coração tanto de quem prega quanto de quem ouve.

Discurso, Homilias na América Latina, 19 de janeiro de 2005

A homilia não é tanto um momento de meditação e catecismo, é um diálogo vivo entre Deus e seu povo.

Discurso, Homilias na América Latina, 19 de janeiro de 2005

✠ ✠ ✠

SOBRE A HOMOSSEXUALIDADE

O ministro religioso às vezes chama a atenção sobre certos pontos da vida privada ou pública porque é o condutor dos fiéis. Mas não tem direito de forçar a vida privada de ninguém. Se Deus, na criação, correu o risco de nos fazer livres, quem sou eu para me meter?

Sobre o céu e a terra, 2013

✠ ✠ ✠

SOBRE A ESPERANÇA

A esperança é a capacidade de avaliar tudo e guardar o melhor de cada coisa. De discernir.

Mensagem anual para comunidades educacionais,
Páscoa de 2000

Onde há esperança, há felicidade.

Homilia, 10 de abril de 2002

✠ ✠ ✠

SOBRE OS SERES HUMANOS

Existem dois tipos de homens: os que cuidam da dor e os que a ignoram.

Homilia de 2003

✠ ✠ ✠

SOBRE OS DIREITOS HUMANOS

Os direitos humanos são violados não só pela repressão, pelo terrorismo ou pelo homicídio, mas também por estruturas econômicas injustas, que criam desigualdades enormes.

The Guardian, 13 de março de 2013

✠ ✠ ✠

SOBRE O TRÁFICO HUMANO E A ESCRAVIDÃO

Não à escravidão... Não a crianças, homens e mulheres [tratados como] material descartável. É nossa carne que está em jogo aqui! É nossa carne que está sendo vendida! A mesma carne que eu tenho, que vocês têm, está à venda! E vocês não vão se mobilizar pela carne de seu irmão?

Homilia, 4 de setembro de 2009

✠ ✠ ✠

SOBRE A HUMANIDADE

Todo ser humano vale a pena.

Mensagem anual para comunidades educacionais,
Páscoa de 2002

Nós, seres humanos, temos uma relação complexa com o mundo em que vivemos, precisamente por conta de nossa dupla condição de filhos da terra e filhos de Deus.

Mensagem anual para comunidades educacionais,
10 de abril de 2007

✠ ✠ ✠

SOBRE SUA HUMILDADE

Vou ficar aqui embaixo. *(Recusando-se a subir numa plataforma em sua primeira aparição como papa, o que o colocaria acima dos cardeais ao redor dele.)*

13 de março de 2013

✠ ✠ ✠

SOBRE HIPÓCRITAS NA IGREJA

Devemos nos comprometer com uma "coerência eucarística", isto é, ter ciência de que as pessoas não podem receber a Sagrada Comunhão e ao mesmo tempo agir ou falar contra os mandamentos, particularmente quando o aborto, a eutanásia e outros crimes graves contra a vida e a família são facilitados. Essa responsabilidade se aplica especialmente aos legisladores, governadores e profissionais da saúde.

Discurso, Documento de Aparecida, 2 de outubro de 2007

✠ ✠ ✠

SOBRE A IDOLATRIA

O mais perigoso ídolo somos nós mesmos quando queremos ocupar o lugar de Deus.

Homilia, 11 de setembro de 2004

✠ ✠ ✠

SOBRE IMAGENS E INFORMAÇÃO

Quando as imagens e a informação têm como único objetivo incitar o consumo ou manipular as pessoas [...], encontramo-nos diante de um ataque, um ato de violência, um sequestro.

Homilia, 10 de outubro de 2002

✠ ✠ ✠

SOBRE IMIGRANTES E IMIGRAÇÃO

Parece que aqui ninguém odeia o imigrante. Mas xenofobia sutil existe... Se formos sinceros, temos de reconhecer que, entre nós, há uma forma sutil de xenofobia, que é a exploração do imigrante.

Homilia, 7 de setembro de 2008

Confesso a vocês: quando medito sobre isso [a xenofobia na Argentina], eu os perdoo [os xenófobos], mas choro. Choro de impotência. O que está acontecendo com meu povo, que já teve os braços abertos para receber tantos imigrantes? O que está acontecendo com meu povo?!

Homilia, 7 de setembro de 2008

✠ ✠ ✠

SOBRE A INDIFERENÇA

A indiferença é perigosa, seja ela inocente ou não.

Homilia, 25 de maio de 2003

Aqueles de nós que não fazem nada [...] são cúmplices da exploração, da escravidão [e de outros males sociais]. Somos cúmplices pelo nosso silêncio, pela nossa inação, pela nossa apatia.

Homilia, 7 de setembro de 2008

Não temos o direito de ser indiferentes ou de fingir que não vimos.

Homilia, 25 de maio de 2003

✠ ✠ ✠

SOBRE A DESIGUALDADE

Devemos nos indignar contra a injustiça de nem todos terem pão e trabalho. Neste mundo muitas pessoas só veem o seu lado. O curioso é que aqueles que só veem o seu lado, e não o bem comum, geralmente são os que andam por aí praguejando, amaldiçoando tudo e todos.

Discurso, agosto de 2012

✠ ✠ ✠

SOBRE A INJUSTIÇA

Talvez a pior injustiça do tempo presente seja o triunfo da amargura.

Mensagem anual para comunidades educacionais,
29 de maio de 2000

Diante das graves formas de injustiça social e econômica, de corrupção política, de limpeza étnica, de extermínio demográfico e de destruição do meio ambiente [...], é necessária uma radical renovação pessoal e social, capaz de assegurar justiça, solidariedade, honestidade e transparência.

Homilia, 25 de setembro de 2004

Não basta evitarmos a injustiça se não promovermos a justiça.

Homilia, Páscoa de 2005

✠ ✠ ✠

SOBRE OS JESUÍTAS

Entrei para a Companhia de Jesus atraído por sua [...] obediência e disciplina. E por estar voltada para o trabalho missionário.

O papa Francisco, 2013

✠ ✠ ✠

SOBRE JESUS

Jesus se preocupou com os detalhes.

Homilia, 17 de abril de 2003

Jesus não nos quer parados nem apressados; nem descansando sobre os louros nem tensos.

Homilia, 24 de maio de 2008

✠ ✠ ✠

SOBRE OS JUDEUS

Espero sinceramente poder contribuir para o progresso que tem havido nas relações entre judeus e católicos desde o Concílio Vaticano II, em um espírito de colaboração renovada.

Carta ao rabino-chefe de Roma, 14 de março de 2013

✠ ✠ ✠

SOBRE A AMÉRICA LATINA

A Igreja é muito consciente do fato de que a coisa mais barata na América Latina, a coisa que menos vale aqui, é a vida.

Discurso, 2 de outubro de 2007

Como o resto do mundo, a América Latina vive uma transformação cultural.

Homilia, 19 de janeiro de 2008

✠ ✠ ✠

SOBRE A LEI

Das velhas "regras de cortesia", quase inexistentes hoje, às obrigações legais, como o pagamento de impostos, tudo isso é essencial se quisermos conviver e trilhar um caminho mais firme, ser mais respeitosos e criar um senso de comunidade.

Mensagem anual para comunidades educacionais,
Páscoa de 2006

✠ ✠ ✠

SOBRE A LIDERANÇA

A liderança é uma arte [...] que pode ser aprendida. Também é uma ciência [...] que pode ser estudada. É um trabalho que exige dedicação, esforço e tenacidade. Mas, acima de tudo, é um mistério [...] que nem sempre pode ser explicado pela lógica racional.

Discurso na Jornada Arquidiocesana da Pastoral Social,
16 de outubro de 2010

Todo líder, para se tornar um verdadeiro líder, tem de ser, acima de tudo, uma testemunha.

Discurso na Jornada Arquidiocesana da Pastoral Social,
16 de outubro de 2010

A verdadeira liderança e a fonte de sua autoridade são uma experiência existencial.

Discurso na Jornada Arquidiocesana da Pastoral Social,
16 de outubro de 2010

✠ ✠ ✠

SOBRE A VIDA

A vida não tem preço.

Homilia, 23 de março de 2012

✠ ✠ ✠

SOBRE A VIDA NO SÉCULO XXI

É a idade do "pensamento fraco".

Homilia, 25 de maio de 2004

Curiosamente, jamais tivemos tanta informação, e ainda assim não sabemos o que está acontecendo.

Homilia, 25 de maio de 2004

✠ ✠ ✠

SOBRE O OUVIR

Nem sempre é fácil ouvir. Às vezes é mais confortável se fingir de surdo, colocar fones de ouvido e não escutar ninguém. Assim, facilmente podemos substituir o ouvir por e-mails, mensagens e chats e, dessa forma, privar-nos [...] de rostos, olhares e abraços.

El verdadero poder es el servicio, 2007

Quantos problemas poderíamos evitar na vida se aprendêssemos a ouvir?

Homilia, 5 de outubro de 2008

Ouvir é também a capacidade de compartilhar perguntas e buscar [respostas].

El verdadero poder es el servicio, 2007

✠ ✠ ✠

SOBRE O AMOR

Amar é muito mais que sentir ternura ou certa emoção de vez em quando. É um desafio total para a criatividade!

Mensagem anual para comunidades educacionais,
27 de abril de 2006

"Mas, padre, eu não sei amar." Ninguém sabe amar; aprendemos a cada dia.

Homilia, 21 de abril de 2004

✠ ✠ ✠

SOBRE A MENTIRA

Mentiras e roubo (os principais ingredientes da corrupção) são sempre males que destroem a comunidade.

Mensagem anual para comunidades educacionais,
Páscoa de 2002

✠ ✠ ✠

SOBRE O CASAMENTO

Quando o marido ou a esposa se acostuma ao amor [de um pelo outro] e à família, então começa a deixar de valorizar o outro, de agradecer e de cuidar do que tem.

Homilia, 17 de fevereiro de 2010

✠ ✠ ✠

SOBRE A MATURIDADE

Creio que uma meditação sobre a maturidade nos faria muito bem.

Homilia, Páscoa de 2005

Se a maturidade for apenas algo que se desenvolve como parte de nosso código genético, então realmente não temos muito a fazer.

Homilia, Páscoa de 2005

Maturidade implica tempo.

Homilia, Páscoa de 2005

✠ ✠ ✠

SOBRE A MÍDIA

Estejam certos de que a Igreja, de sua parte, tem em alta estima sua importante tarefa. Seu trabalho exige cuidadosa preparação, sensibilidade e experiência, como tantas outras profissões, mas exige também uma preocupação particular pelo que é verdadeiro, bom e belo. Isso é algo que temos em comum.

Entrevista coletiva no Vaticano, 16 de março de 2013

Jornalistas sempre se apresentam perante a sociedade como "buscadores da verdade".

Discurso na Adepa, 6 de abril de 2006

Quando as notícias só nos fazem exclamar: "Que atrocidade!" e imediatamente virar a página ou mudar de canal, então destruímos [o sentido de] proximidade [em relação ao sofrimento] e acentuamos ainda mais o espaço que nos separa.

Discurso na Adepa, 6 de abril de 2006

Os meios de comunicação podem, infelizmente, espelhar os piores aspectos da sociedade, ou suas mais frívolas e narcisistas [qualidades].

Homilia, 10 de outubro de 2002

O papel da comunicação de massa se expandiu imensamente nesses últimos anos, tanto que é um meio essencial de informar o mundo sobre os acontecimentos da história contemporânea. Gostaria, então, de agradecer de forma especial à cobertura profissional que fizeram durante esses dias – realmente trabalharam, não é? –, quando os olhos do mundo todo, e não apenas dos católicos, estavam voltados para a Cidade Eterna.

Entrevista coletiva no Vaticano, 16 de março de 2013

✠ ✠ ✠

SOBRE A MEDIOCRIDADE

A mediocridade é a melhor droga para escravizar pessoas.

Homilia, 25 de maio de 2004

✠ ✠ ✠

SOBRE AS MEMÓRIAS

Criar memórias, manter viva a memória de sucessos e fracassos, de momentos de alegria e de sofrimento, é a única maneira de evitar que sejamos "crianças" no pior sentido da palavra: imaturos, inexperientes, imensamente vulneráveis.

Homilia, Páscoa de 2005

A manipulação da memória nunca é inocente; ao contrário, é desonesta.

Homilia, Páscoa de 2005

✠ ✠ ✠

SOBRE A MISERICÓRDIA

Um pouco de misericórdia torna o mundo menos frio e mais justo.

Homilia, 17 de março de 2013

Somente alguém que encontrou misericórdia, que foi acariciado pela ternura da misericórdia, é feliz e confortável com o Senhor. Peço aos teólogos que estão presentes que não me entreguem ao Santo Ofício ou à Inquisição; no entanto, forçando um pouco as coisas, atrevo-me a dizer que o *locus* privilegiado do encontro é a carícia da misericórdia de Jesus Cristo em meu pecado.

National Catholic Reporter, março de 2013

Misericórdia é a mais poderosa mensagem do Senhor. Não é fácil confiar-se à misericórdia de Deus, porque [a misericórdia dele] é um abismo insondável – mas façamos isso!

Homilia, 17 de março de 2013

✠ ✠ ✠

SOBRE SUA MISSÃO COMO PAPA

E agora, vamos iniciar esta jornada, bispo e povo, bispo e pessoas, esta viagem da Igreja de Roma, que guia todas as Igrejas na caridade, uma viagem de fraternidade, de amor, de confiança entre nós.

Primeira bênção como papa, 13 de março de 2013

✠ ✠ ✠

SOBRE OS MAUS-TRATOS A CRIANÇAS

Ninguém tem o direito de fazer experimentos com crianças e jovens. Eles são a esperança do povo e devemos cuidar deles para que tomem decisões responsáveis.

Homilia, 30 de janeiro de 2005

O que está acontecendo com nossas crianças? Ou melhor: o que está acontecendo conosco, que somos incapazes de assumir o controle da situação de abandono e solidão em que se encontram nossas crianças?

Homilia, Páscoa de 2005

✠ ✠ ✠

SOBRE O DINHEIRO

A medida de cada ser humano é Deus, não o dinheiro.

Mensagem anual para comunidades educacionais,
18 de abril de 2007

✠ ✠ ✠

SOBRE A MORAL

Falamos de moral porque é mais fácil. Além disso – e isso é de mau gosto –, tratamos de temas relacionados à moral conjugal e ligados ao sexto mandamento, porque parece mais colorido. Assim, damos uma imagem muito triste da Igreja.

Vatican Insider, 15 de dezembro de 2011

✠ ✠ ✠

SOBRE A REAÇÃO DE SUA MÃE QUANDO ELE ESCOLHEU O SACERDÓCIO

Quando entrei para o seminário, minha mãe não me acompanhou, não quis ir. Durante anos não aceitou minha decisão. Não estávamos brigados, só que eu ia para casa, mas ela não ia ao seminário [...]. Veja, ela era uma mulher religiosa, praticante, mas achava que tudo havia acontecido rápido demais [...] lembro-me de vê-la de joelhos à minha frente no fim da cerimônia da ordenação sacerdotal pedindo minha bênção.

O papa Francisco, 2013

✠ ✠ ✠

SOBRE O NEOLIBERALISMO

A crise socioeconômica e o consequente aumento da pobreza têm suas origens em políticas inspiradas por formas de neoliberalismo, que consideram o lucro e as leis do mercado como parâmetros absolutos acima da dignidade das pessoas ou dos povos.

The Guardian, 14 de março de 2013

Na predominante cultura neoliberal, o externo, o imediato, o visível, o rápido, o superficial: estes ocupam o primeiro lugar, e o real cede terreno às aparências.

Discurso no Celam, maio de 2007

✠ ✠ ✠

SOBRE SER PAIS

Sem essas três atitudes – esperança, ternura e paciência –, é impossível respeitar a vida e o crescimento da criança que está esperando para nascer.

Homilia, 25 de março de 2004

Só uma mãe e um pai podem dizer, com alegria, com orgulho e com responsabilidade: "Vamos ser pais, concebemos nosso filho".

Homilia, 7 de agosto de 2007

✠ ✠ ✠

SOBRE AS FESTAS E O ATO DE FESTEJAR

A festa ocupa um lugar importante. [É] gratidão em forma de música, alegria e dança. Em uma festa, todos os sentidos do corpo entram em jogo, tudo em um ambiente de prazer e alegria.

Homilia, 19 de janeiro de 2008

✠ ✠ ✠

SOBRE O PASSADO

Aquilo que foi um pecado e uma injustiça também precisa ser abençoado com remorso, perdão e reparação.

Homilia, 9 de junho de 2007

✠ ✠ ✠

SOBRE PADRES PEDÓFILOS

Que o celibato traga como consequência a pedofilia está descartado [...]. Se um padre é pedófilo, já o era antes de ser padre. Agora, quando isso ocorre, jamais se deve fazer vista grossa. Não se pode estar em uma posição de poder e destruir a vida de outra pessoa.

Sobre o céu e a terra, 2013

Essa solução, acho que já foi proposta uma vez nos Estados Unidos: mudar os padres de paróquia. Isso é uma estupidez, porque, dessa maneira, ele leva o problema na mochila [...]. Tolerância zero com esse crime.

Sobre o céu e a terra, 2013

✠ ✠ ✠

SOBRE O PESSIMISMO

Nunca nos deixemos abater pelo pessimismo, pela amargura que o Diabo nos oferece a cada dia. Não nos entreguemos ao pessimismo e ao desânimo.

Discurso a cardeais, *The Vatican Today*, 15 de março de 2013

✠ ✠ ✠

SOBRE A POLÍTICA

A política é uma atividade nobre. Devemos reavaliá-la, praticá-la com vocação e uma dedicação que requer testemunho, martírio – ou seja, morrer pelo bem comum.

The Telegraph, 13 de março de 2013

✠ ✠ ✠

SOBRE OS POLÍTICOS

Às vezes eles têm que apagar um incêndio, mas a vocação do político não é a de um bombeiro.

Jornada Arquidiocesana da Pastoral Social, 2001

Algumas pessoas me dizem: "Mas, padre, os políticos também não estão fazendo nada!" Mas o que *você* está fazendo? Se você não está fazendo nada, então grite!

Homilia, 7 de setembro de 2008

✠ ✠ ✠

SOBRE O PAPA BENTO XVI

Penso com grande afeto e profunda gratidão em meu venerado predecessor, Bento XVI, que durante os anos de seu pontificado enriqueceu e fortaleceu a Igreja com seus ensinamentos, sua bondade, sua orientação, sua fé, sua humildade e gentileza, e que continuará a ser uma herança espiritual para todos.

Discurso a cardeais, *The Vatican Today*, 15 de março de 2013

Foi Deus quem inspirou a decisão de Bento XVI, para o bem da Igreja.

Entrevista coletiva no Vaticano, 16 de março de 2013

✠ ✠ ✠

SOBRE POSSIBILIDADES

A história humana, nossa história, a história de cada um de nós nunca é "acabada", nunca se esgota de possibilidades; é sempre uma abertura para o novo, para o que, até agora, nem sequer tínhamos em mente. Para o que parecia impossível.

Mensagem anual para comunidades educacionais,
9 de abril de 2003

✠ ✠ ✠

SOBRE A POBREZA

Uma comunidade que deixa de se ajoelhar diante do rico, diante do sucesso e do prestígio, e que é capaz, em vez disso, de lavar os pés dos humildes e necessitados, está mais alinhada com [os ensinamentos de Deus] que com a ética de "vencer a qualquer custo" que aprendemos – mal – nos últimos tempos.

Mensagem anual para comunidades educacionais,
Páscoa de 2002

Existe algo mais humilhante que ser condenado [a uma existência na qual] você não pode ganhar seu pão de cada dia?

Mensagem anual para comunidades educacionais,
Páscoa de 2002

✠ ✠ ✠

SOBRE O PODER

Se o mais poderoso usou todo seu poder para servir e perdoar, aquele que o usa para qualquer outra coisa acaba parecendo ridículo.

Homilia, 7 de agosto de 2005

Quem tem um pouco mais de poder tem que servir um pouco mais.

Homilia, 7 de agosto de 2005

✠ ✠ ✠

SOBRE A ORAÇÃO

Vamos sempre orar por nós, uns pelos outros, vamos orar para o mundo inteiro, de modo que possa haver uma grande fraternidade.

Primeira bênção como papa, 13 de março de 2013

✠ ✠ ✠

SOBRE O SACERDÓCIO

Ser um sacerdote aberto é ser capaz de escutar, permanecendo firme em suas convicções.

Carta aos sacerdotes da Arquidiocese, 1º de outubro de 1999

A Igreja tem grande necessidade de teólogos morais que possam aprofundar os preceitos de Jesus, torná-los compreensíveis para o homem contemporâneo.

Homilia, 25 de setembro de 2004

Como pastores, cabe a cada um de nós que oficia missa de renovação a cada dia, a cada domingo, a paixão para a preparação da homilia, assegurando, em primeiro lugar, que o conhecimento e o amor pela palavra de Deus cresçam dentro de nós mesmos.

Homilia na América Latina, 19 de janeiro de 2005

Jesus nos ensina de outra maneira. Saia! Vá para fora! Compartilhe seu testemunho, saia e interaja com seus irmãos, saia e compartilhe, saia e peça! Torne-se a Palavra em corpo, assim como em espírito.

New York Daily News, 14 de março de 2013

✠ ✠ ✠

SOBRE SACERDOTES QUE SE DESVIAM

Se um deles vem e me diz que engravidou uma mulher, eu o escuto [...] [mas] tem que deixar o ministério e assumir esse filho [...]. Porque, assim como essa criança tem direito a ter uma mãe, tem direito a ter o rosto de um pai. Eu me comprometo a cuidar de toda a papelada em Roma, mas ele deve deixar tudo.

Sobre o céu e a terra, 2013

A vida dupla não nos faz bem, não gosto disso, significa substanciar a falsidade. Às vezes lhes digo: "Se não puder superar isso, decida-se".

Sobre o céu e a terra, 2013

✠ ✠ ✠

SOBRE VISITAS A PRISÕES

Para mim custa horrores ir a uma cadeia, porque o que se vê ali é muito duro. Mas vou mesmo assim, porque o Senhor quer que eu esteja corpo a corpo com o necessitado.

Sobre o céu e a terra, 2013

✠ ✠ ✠

SOBRE O TRANSPORTE PÚBLICO

Uso o metrô quase sempre pela rapidez, mas gosto mais de ônibus, porque vejo a rua.

O papa Francisco, 2013

✠ ✠ ✠

SOBRE NOSSO RELACIONAMENTO COM DEUS

Se fecharmos a porta de nosso coração em sua cara, Deus sofre. Mesmo que esteja acostumado a isso, ele sofre. E perdemos a oportunidade de que nos faça felizes.

Homilia, 15 de março de 2008

✠ ✠ ✠

SOBRE A RELAÇÃO ENTRE IGREJA E ESTADO

Não é ruim quando a religião dialoga com o poder político, o problema é quando se associa a ele para fazer negócios por baixo do pano.

Sobre o céu e a terra, 2013

✠ ✠ ✠

SOBRE O RELATIVISMO

A cidade moderna é relativista: tudo é válido, e podemos ceder à tentação [de acreditar] que, para não discriminarmos, para não excluirmos ninguém, precisamos ocasionalmente "relativizar" a verdade. Mas esse não é o caso.

Discurso no I Congresso Regional da Pastoral Urbana,
25 de agosto de 2011

✠ ✠ ✠

SOBRE A DIVERSIDADE RELIGIOSA

Os grandes movimentos migratórios de nosso mundo e a realidade da diversidade religiosa, especialmente aquela que se origina no Oriente, representam um desafio delicado para a evangelização concernente ao encontro entre diferentes culturas e o diálogo inter-religioso.

Homilia, 25 de setembro de 2004

Reconhecer, aceitar e conviver com todas as formas de pensar e de ser não implica a renúncia de suas próprias crenças.

Mensagem anual para comunidades educacionais,
Páscoa de 2006

✠ ✠ ✠

SOBRE EXPERIÊNCIAS RELIGIOSAS

Isto é a experiência religiosa: o estupor de encontrar alguém que está nos esperando.

O papa Francisco, 2013

✠ ✠ ✠

SOBRE A VIDA RELIGIOSA

Quando andamos sem a cruz, quando construímos sem a cruz, e quando confessamos a Cristo sem a cruz, não somos discípulos do Senhor: somos mundanos, somos bispos, padres, cardeais, papas, mas não discípulos do Senhor.

Homilia, primeira missa papal, 14 de março de 2013

Muitas vezes nos sentimos fatigados, cansados. A preguiça tenta nosso espírito. Olhamos tudo o que há para fazer e lembramos que somos poucos.

Homilia, Quarta-Feira de Cinzas, 25 de fevereiro de 2004

Jesus não pregou sua própria política: acompanhou outros. As conversões que inspirou ocorreram precisamente por sua disposição de acompanhar, o que nos torna todos irmãos e filhos, e não membros de uma ONG ou prosélitos de alguma empresa multinacional.

Vatican Insider, 5 de setembro de 2012

✠ ✠ ✠

SOBRE VOCAÇÕES RELIGIOSAS

A vocação religiosa é um chamado de Deus a um coração que o está esperando, consciente ou inconscientemente.

O papa Francisco, 2013

✠ ✠ ✠

SOBRE A RESPONSABILIDADE

Temos que parar de esconder a dor de nossas perdas e assumir a responsabilidade por nossos crimes, nossa apatia e nossas mentiras, porque é só pela reconciliação reparadora que seremos ressuscitados e que perderemos o medo de nós mesmos.

Homilia, 25 de maio de 2003

✠ ✠ ✠

SOBRE O PAPEL DO PAPA

Cristo é o pastor da Igreja, mas sua presença na história passa pela liberdade dos seres humanos; dentre eles, um é escolhido para servir como seu vigário, o sucessor do apóstolo Pedro.

Entrevista coletiva no Vaticano, 16 de março de 2013

✠ ✠ ✠

SOBRE A CÚRIA ROMANA

Vejo-a como um corpo que oferta serviço, um corpo que me ajuda e me serve. A Cúria Romana tem seus pontos negativos, mas acho que se coloca muita ênfase neles e não se valoriza suficientemente a santidade dos numerosos consagrados e leigos que trabalham nela.

Vatican Insider, 24 de fevereiro de 2012

✠ ✠ ✠

SOBRE ROMA

Espero que este caminho da Igreja, que começamos hoje e no qual meu cardeal vigário, que está aqui comigo, vai me ajudar, possa ser proveitoso para a evangelização desta bela cidade.

Reuters, 13 de março de 2013

✠ ✠ ✠

SOBRE A SALVAÇÃO

Não existe meio-termo: é claridade ou escuridão, arrogância ou humildade, verdade ou mentira. Da mesma forma, ou abrimos a porta para Jesus nos salvar, ou a fechamos [em nossa crença] na autossuficiência e no orgulho da autossalvação.

Homilia, 25 de dezembro de 2003

✠ ✠ ✠

SOBRE ESCÂNDALOS NA IGREJA

Olhe para a Igreja, [como] santa e pecadora que é; olhe para certas deficiências e pecados sem perder de vista a santidade de tantos homens e mulheres que trabalham na Igreja de hoje.

Vatican Insider, 24 de fevereiro de 2012

✠ ✠ ✠

SOBRE AS ESCOLAS

Nossas escolas devem ser um espaço onde as crianças e os jovens possam ter contato com a vitalidade de nossa história.

Mensagem anual para comunidades educacionais,
9 de abril de 2003

A função essencial da escola é formar cidadãos livres, com a capacidade de defender seus direitos e cumprir suas obrigações.

Carta para a juventude, 1º de outubro de 2005

Se nossas escolas não são um espaço onde outra humanidade está sendo gestada, onde outra sabedoria está se enraizando, onde outra sociedade está sendo criada, onde a esperança e a transcendência podem ter lugar, então estamos perdendo a oportunidade de fazer uma contribuição única para este momento histórico.

Mensagem anual para comunidades educacionais,
Páscoa de 2004

✠ ✠ ✠

SOBRE O SECTARISMO

Atitudes sectárias na vida social e política de um país são terríveis. Separam, dividem e nos afastam.

The Guardian, 14 de março de 2013

✠ ✠ ✠

SOBRE O SERVIÇO

O serviço é a rejeição à indiferença e ao egoísmo utilitarista. É fazer para os outros.

Homilia, 25 de maio de 2001

O poder é serviço, e serviços, para fazê-los bem, devem atender ao mais ínfimo detalhe, o que faz que o outro sinta como se houvesse sido bem cuidado [e] dignificado.

Homilia, 7 de agosto de 2005

Cada vez que a vida colocar diante de nós a opção de servir de forma inclusiva ou para tirar proveito, excluindo [os outros]; de lavar o pé do próximo ou lavar as mãos dos problemas de outras pessoas, deixemos que a imagem de Jesus e a alegria do serviço venham à nossa mente.

Homilia, 7 de agosto de 2005

✠ ✠ ✠

SOBRE SE RECUSAR A ANDAR DE LIMUSINE DEPOIS DE SE TORNAR PAPA

Eu vou com o pessoal, de ônibus.

Associated Press, 13 de março de 2013

✠ ✠ ✠

SOBRE O SILÊNCIO

Eu os convido, homens e mulheres da Palavra de Deus: amem o silêncio, busquem o silêncio, cultivem o silêncio em seu ministério!

Homilia, 12 de março de 2005

✠ ✠ ✠

SOBRE O PECADO

Sentir-se pecador é uma das coisas mais lindas que podem acontecer a uma pessoa se levado às últimas consequências [da redenção].

O papa Francisco, 2013

Para mim o pecado não é uma mancha que tenho que limpar. O que devo fazer é pedir perdão e me reconciliar, não ir à tinturaria do japonês na esquina de casa.

O papa Francisco, 2013

✠ ✠ ✠

SOBRE A JUSTIÇA SOCIAL

A inclusão ou a exclusão da pessoa ferida na beira da estrada define todos os projetos econômicos, políticos, sociais e religiosos. Todos nós, a cada dia, somos presenteados com a opção de sermos bons samaritanos ou transeuntes indiferentes.

AP Worldstream, 17 de abril de 2005

✠ ✠ ✠

SOBRE AS MÍDIAS SOCIAIS

Tentamos chegar às pessoas que estão longe por meios digitais, via web e mensagens breves.

Vatican Insider, 24 de fevereiro de 2012

✠ ✠ ✠

SOBRE O MUNDANISMO ESPIRITUAL

O mundanismo espiritual é uma forma de antropocentrismo religioso com elementos gnósticos. Carreirismo e busca de uma promoção se encontram na categoria de mundanismo espiritual.

America Magazine, 13 de março de 2013

✠ ✠ ✠

SOBRE AS ESTATÍSTICAS

Há aqueles que olham com olhos de estatísticas [...] e, na maioria das vezes, só veem números, pois só sabem contar.

Homilia, 12 de março de 2005

✠ ✠ ✠

SOBRE O SOFRIMENTO

É com a dor e com os nossos próprios limites que melhor aprendemos a crescer, e de nossas próprias falhas surge o profundo questionamento: já não sofremos o suficiente para decidir quebrar velhos padrões?

Homilia, 25 de maio de 2002

Felizes somos nós que, ouvindo o apelo da justiça, nos sentimos queimar por dentro quando vemos a miséria de milhões de pessoas no mundo.

Homilia, 25 de maio de 2006

A dor não é uma virtude em si mesma, mas pode ser virtuoso o modo como é assumida.

O papa Francisco, 2013

Vivemos situações graves que são desanimadoras e frequentemente tiram nosso fôlego.

Homilia, Quarta-Feira de Cinzas, 25 de fevereiro de 2004

✠ ✠ ✠

SOBRE O SUICÍDIO

Houve um momento em que não se fazia funeral ao suicida, porque ele não continuava andando rumo à meta, punha fim ao caminho quando queria. Mas respeito o suicida, é uma pessoa que não pôde superar as contradições. Não o repudio. Eu o deixo nas mãos da misericórdia de Deus.

Sobre o céu e a terra, 2013

✠ ✠ ✠

SOBRE O TANGO

[Gosto] muito [de tango]. É uma coisa que vem de dentro.

O papa Francisco, 2013

✠ ✠ ✠

SOBRE OS PROFESSORES

Vocês [professores] estão diariamente diante de meninos e meninas cheios de possibilidades, desejos, medos e carências reais. Crianças exigentes, que esperam, criticam, suplicam a seu modo, infinitamente sozinhas, com necessidades, aterrorizadas [e ainda] persistentemente confiando em vocês, mesmo com cara de desinteresse, indiferença ou raiva. Elas estão alertas, esperando para ver se vão lhes oferecer algo diferente, ou se simplesmente vão fechar mais uma porta em sua cara.

Homilia, Páscoa de 2005

Ensinar é uma das apaixonantes artes da vida.

Homilia, Páscoa de 2008

✠ ✠ ✠

SOBRE A TECNOLOGIA

Novas realidades exigem novas respostas.

Mensagem anual para comunidades educacionais,
Páscoa de 2000

É óbvio que não podemos optar por não fazer parte da "sociedade da informação" em que vivemos, mas o que podemos fazer é dedicar um tempo para analisar, delinear as possibilidades, visualizar as consequências, partilhar pontos de vista e ouvir outras vozes.

Mensagem anual para comunidades educacionais,
Páscoa de 2005

A tecnologia pode ajudar a criar ou a desorientar. Pode recriar coisas e nos informar sobre a realidade, ajudando-nos, assim, a ver as opções e decisões diante de nós; ou pode, ao contrário, criar simulações virtuais, ilusões, fantasias e ficções.

Homilia de 2002

✠ ✠ ✠

SOBRE A TELEVISÃO

A produção cultural, especialmente a que está na tevê, [caracteriza-se por] programas em que a degradação e a frivolidade sexual, a desvalorização da família, a promoção de vícios artificialmente maquiados de virtudes e a exaltação da violência são constantes.

Carta para a juventude, 1º de outubro de 2005

✠ ✠ ✠

SOBRE O TEMPO

As coisas verdadeiramente importantes requerem tempo: aprender um ofício ou uma profissão, conhecer uma pessoa e estabelecer uma relação duradoura de amor ou amizade, saber distinguir o importante daquilo de que podemos prescindir.

Homilia, Páscoa de 2005

"O tempo traz experiência", sim, mas só se aproveitarmos a oportunidade para "tirar experiência da experiência".

Homilia, Páscoa de 2005

Deixe-me ser claro: "ir com calma" não quer dizer "deixar rolar".

Homilia, Páscoa de 2005

✠ ✠ ✠

SOBRE A VERDADE

Onde há verdade, há também luz, mas não confundam luz com *flash*.

Homilia, 4 de outubro de 2002

Quando estamos realmente em busca da verdade, é para o bem. Não olhamos para a verdade para dividir, enfrentar, atacar, menosprezar ou dissolver.

Discurso na Adepa, 6 de abril de 2006

Em uma sociedade na qual as mentiras, os disfarces e a hipocrisia fizeram com que as pessoas perdessem a confiança básica no contrato social, o que poderia ser mais revolucionário do que a verdade?

Mensagem anual para comunidades educacionais,
9 de abril de 2003

Somente com o ensinamento contido em "a verdade vos libertará" é possível resolver os graves problemas de pessoas e nações.

Homilia, 25 de setembro de 2004

A verdade é sempre combativa, mas também é combatida.

Homilia, 4 de outubro de 2002

Verdade, bondade e beleza são inseparáveis.

Dissertação do arcebispo na Adepa, 6 de abril de 2006

É muito difícil, no mundo das facilidades, acreditar na verdade.

Homilia, 10 de abril de 2002

✠ ✠ ✠

SOBRE A INCERTEZA

Continue perguntando por quê. Não posso lhe dar uma resposta, nem qualquer bispo, nem o papa, mas [Deus] o consolará.

Homilia, 23 de março de 2012

✠ ✠ ✠

SOBRE A UNIDADE

Andar como um povo é sempre mais lento.

Carta do arcebispo aos catequistas de Buenos Aires, agosto de 2004

✠ ✠ ✠

SOBRE A VAIDADE

A vaidade e o exibicionismo são atitudes que reduzem a espiritualidade a algo mundano, que é o pior pecado que se pode cometer na Igreja.

America Magazine, 13 de março de 2013

Olhe para um pavão. Se você o olhar de frente, é muito bonito. Mas afaste-se um pouco e o olhe por trás [...]. Aquele que cai na vaidade autorreferencial está, na verdade, escondendo uma profunda miséria.

El Mundo, 14 de março de 2013

✠ ✠ ✠

SOBRE O VATICANO E O DINHEIRO

Sempre se fala do ouro do Vaticano, mas isso é um museu [...]. O balanço do Vaticano é público, sempre dá déficit: o que entra por doações ou por visitas aos museus vai para leprosários, escolas, comunidades [carentes].

Sobre o céu e a terra, 2013

✠ ✠ ✠

SOBRE A VIRGEM MARIA

Nossa Senhora transmite da melhor maneira aos fiéis a alegria da palavra de Deus, que primeiro a cumulou de prazer.

Homilia na América Latina, 19 de janeiro de 2005

Maria era especialista em ouvir.

Homilia, 7 de agosto de 2006

✠ ✠ ✠

SOBRE A REALIDADE VIRTUAL

A realidade virtual abre novas portas à criatividade e à educação, e também questiona as formas tradicionais de comunicação, com sérias implicações antropológicas.

Mensagem anual para comunidades educacionais,
Páscoa de 2000

✠ ✠ ✠

SOBRE A VULNERABILIDADE

Somente aquele que reconhece sua vulnerabilidade é capaz de uma ação unificada.

Homilia, 21 de agosto de 2003

✠ ✠ ✠

SOBRE A ESPERA

A capacidade de esperar é provavelmente uma das coisas mais importantes que temos de aprender.

Homilia, Páscoa de 2005

✠ ✠ ✠

SOBRE LAVAR OS PÉS DOS DOENTES DE AIDS

Esse gesto é um convite para o coração de cada cristão, porque nunca perdemos quando imitamos Jesus, quando servimos nossos irmãos que sofrem.

Wall Street Journal, 14 de março de 2013

✠ ✠ ✠

SOBRE A DESIGUALDADE DE RIQUEZAS

Os pobres são perseguidos por um trabalho exigente, e os ricos são aplaudidos por fugir da justiça.

BBC News, 14 de março de 2013

✠ ✠ ✠

SOBRE O QUE DIZ AO SE DESPEDIR

Rezem por mim.

Huffington Post, 14 de março de 2013

✠ ✠ ✠

SOBRE O QUE VAI FAZER COMO PAPA

Reparar minha Igreja em ruínas.

Catholic Online, 14 de março de 2013

✠ ✠ ✠

SOBRE O QUE A IGREJA CATÓLICA DEVE A SEUS FIÉIS

Misericórdia, misericórdia, misericórdia.

Bloomberg News, 14 de março de 2013

✠ ✠ ✠

SOBRE POR QUE LEVOU QUATRO ANOS PARA ENTRAR NO SEMINÁRIO DEPOIS DE OPTAR PELO SACERDÓCIO

É verdade que eu era, como toda minha família, católico praticante. Mas minha cabeça não estava só nas questões religiosas, porque também tinha inquietudes políticas, apesar de que não passavam do plano intelectual. Eu lia *Nuestra palabra* e *Propósitos*, publicações do Partido Comunista, e adorava todos os artigos [...]; ajudaram-me em minha formação política. Mas nunca fui comunista.

O papa Francisco, 2013

✠ ✠ ✠

SOBRE AS MULHERES

Quando eu era seminarista, fiquei deslumbrado por uma garota que conheci no casamento de um tio. Fiquei surpreso com sua beleza, sua luz intelectual... e, bem, andei confuso um bom tempo, pensava sem parar. Quando voltei ao seminário depois do casamento, não consegui rezar ao longo de uma semana inteira, porque, quando me dispunha a orar, a garota aparecia em minha cabeça. Tive que voltar a pensar no que estava fazendo. Ainda era livre porque era seminarista, podia voltar para casa [mas] tornei a escolher – ou a me deixar escolher – o caminho religioso. Seria anormal se não acontecesse esse tipo de coisa. Quando isso acontece, temos que nos situar novamente

Sobre o céu e a terra, 2013

O fato de a mulher não poder exercer o sacerdócio não significa que seja inferior ao homem.

Sobre o céu e a terra, 2013

A presença feminina na Igreja nao se destacou muito, porque a tentação do machismo não deixou lugar para visibilizar o lugar que cabe às mulheres na comunidade.

Sobre o céu e a terra, 2013

✠ ✠ ✠

SOBRE A PALAVRA DE DEUS

A palavra de Deus sempre oferece uma opção: converter-se e pedir ajuda e mais luz, ou fechar-se e agarrar-se ainda mais firmemente às correntes e à escuridão.

Homilia, 13 de abril de 2006

✠ ✠ ✠

SOBRE O TRABALHO

Eu agradeço muito a meu pai por ter me mandado trabalhar [aos 13 anos]. O trabalho foi uma das coisas que mais bem me fizeram na vida, e, particularmente, no laboratório aprendi o bom e o ruim de toda tarefa humana.

O papa Francisco, 2013

Uma pessoa que trabalha deve tirar um tempo para descansar, para estar com a família, para se divertir, ler, escutar música, praticar um esporte. [...] Quando o trabalho não dá lugar ao ócio saudável, ao repouso reparador, então escraviza.

O papa Francisco, 2013

O homem não é para o trabalho, e sim o trabalho para o homem.

O papa Francisco, 2013

✠ ✠ ✠

LINHA DO TEMPO

1936

Jorge Mario Bergoglio nasce em Flores, Buenos Aires, Argentina, filho de Mario José Bergoglio, um imigrante italiano, e Regina María Sivori, argentina, em 17 de dezembro.

1954

Bergoglio se forma no ensino médio como técnico químico. Trabalha em uma empresa local por alguns anos enquanto estuda no seminário.

1958

Bergoglio contrai uma grave pneumonia, e os médicos removem parte de um de seus pulmões, a fim de lhe salvar a vida. Ele se recupera totalmente. Decide dedicar-se ao sacerdócio, e, em 11 de março, junta-se aos jesuítas como noviço. Muda-se para Santiago, Chile, para começar seus estudos em ciências humanas.

1960
Bergoglio se forma em filosofia pelo Colégio Máximo San José, em Buenos Aires.

1964
Bergoglio retorna a Buenos Aires para lecionar literatura e psicologia no Colegio de la Inmaculada e no Colegio del Salvador ao longo dos anos seguintes.

1969
O futuro papa é ordenado padre em 13 de dezembro. Começa a trabalhar na Faculdade de Filosofia e Teologia de San Miguel, na Argentina, onde se torna professor de teologia e supervisiona sacerdotes novatos.

1973
Bergoglio faz seus votos finais como jesuíta em 22 de abril. Além de suas funções normais, serve como líder regional na Argentina da ordem mundial dos jesuítas, função que vai desempenhar durante seis anos.

1980
Bergoglio é nomeado decano da Faculdade de Filosofia e Teologia de San Miguel. Vai para a Alemanha, onde, pela primeira vez, vê *Nossa Senhora Desatadora dos Nós*, quadro do pintor barroco Johann Georg Melchior Schmidtner. Sente-se tão inspirado pela imagem que leva uma cópia consigo para Buenos Aires.

1992
Em 27 de junho, padre Jorge, como é conhecido, é nomeado bispo auxiliar de Buenos Aires.

1998
Bergoglio se torna arcebispo de Buenos Aires em 28 de fevereiro.

2001
O papa João Paulo II nomeia Bergoglio cardeal da Igreja Católica, em 21 de fevereiro.

2005
Bergoglio começa seu serviço como presidente da Conferência Episcopal Argentina, cargo que manterá até 2011. Há rumores de que Bergoglio ficou em segundo lugar quando os cardeais se reuniram para eleger o papa após a morte de João Paulo II. Em vez dele, o conclave escolheu o cardeal Joseph Ratzinger, da Alemanha, que será o papa Bento XVI.

2013
Em 13 de março, Bergoglio é eleito o 266º papa da Igreja Católica, depois de dois dias e cinco votações.

REFERÊNCIAS DAS CITAÇÕES

SOBRE IDADE E ENVELHECIMENTO

"A velhice, dizem..."; discurso a cardeais, *The Vatican Today*, 15 de março de 2013. http://www.news.va/en/news/pope-francis-to-cardinals-like-good-wine-that-impr

"O idoso é o transmissor..."; Jorge Bergoglio e Abraham Skorka, *Sobre o céu e a terra* (São Paulo: Paralela, 2013).

"A amargura do idoso..."; *Sobre o céu e a terra* (São Paulo: Paralela, 2013).

SOBRE A NOMEAÇÃO COMO PAPA

"Não quero deixar..."; antes de aparecer na sacada para cumprimentar o povo na Praça São Pedro, 13 de março de 2013.

"Irmãos e irmãs..."; primeiras palavras dirigidas à multidão como papa, 13 de março de 2013.

SOBRE A ARGENTINA

"É verdade que nós..."; *Sobre o céu e a terra* (São Paulo: Paralela, 2013).

"Nossa dolorosa história..."; mensagem do arcebispo na Missa pela Educação, 23 de abril de 2008. http://www.arzbaires.org.ar/inicio/homilias.html/

"A Argentina chegou..."; mensagem do arcebispo às comunidades educacionais, março de 2002. http://www.arzbaires.org.ar/inicio/homilias.html/

"Ainda me atrevo..."; homilia do arcebispo na Missa pela Educação, 6 de abril de 2005. http://www.arzbaires.org.ar/inicio/homilias.html

"Vivemos na parte mais..."; discurso do arcebispo no V Celam, 21 de maio de 2007. http://ncronline.org/news/celam-update-option-poor-alive-andwell-latin-america

SOBRE A GUERRA SUJA NA ARGENTINA

"Na Igreja, houve..."; *Sobre o céu e a terra* (São Paulo: Paralela, 2013).

"Acreditamos que as..."; Marcela Valente, "Priest's Life Sentence Draws Widespread Praise", Agência Inter Press Service, 11 de outubro de 2007. http://www.ipsnews.net/2007/10/rights-argentina-priestrsquos-life-sentence-draws-widespread-praise/

"Os horrores cometidos..."; *Sobre o céu e a terra* (São Paulo: Paralela, 2013).

SOBRE ARTE E ARTISTAS

"Os artistas bem sabem..."; dissertação do arcebispo na Adepa, 6 de abril de 2006. http://www.arzbaires.org.ar/inicio/homilias.html

"A Argentina deu..."; mensagem do arcebispo de Buenos Aires às comunidades educacionais, Páscoa de 2006. http://www.arzbaires.org.ar/inicio/homilias.html

"A crucificação branca"; Sergio Rubin e Francesca Ambrogetti, *O papa Francisco: conversas com Jorge Bergoglio* (Campinas: Verus, 2013).

SOBRE O PEDIDO DE PRECE AOS CATÓLICOS

"Eu gostaria de lhes dar..."; primeira bênção como papa, 13 de março de 2013.

SOBRE ASPIRAÇÕES

"Ninguém pode..."; homilia do arcebispo no Te Deum de 25 de maio de 2006. http://www.arzbaires.org.ar/inicio/homilias.html

SOBRE O SUICÍDIO ASSISTIDO

"Na Argentina há..."; LifeSiteNews.com, 5 de outubro de 2007. http://www.lifesitenews.com/news/archive/ldn/2007/oct/07100509

"Uma cultura de..."; discurso, Documento de Aparecida, 2 de outubro de 2007. http://www.lifenews.com/2013/03/13/new-pope-francis-called-abortion-the-death-penalty-for-the-unborn/

SOBRE OS ATEUS

"Não diria que..."; *Sobre o céu e a terra* (São Paulo: Paralela, 2013).

"Nem todos os presentes pertencem..."; entrevista coletiva no Vaticano, 16 de março de 2013. http://www.news.va/en/news/pope-francis-on-mass-media-and-name

"Conheço mais gente agnóstica..."; *Sobre o céu e a terra* (São Paulo: Paralela, 2013).

SOBRE BATIZAR FILHOS DE PAIS SOLTEIROS

"A criança não tem absolutamente..."; *30 Giorni*, agosto de 2009. http://www.30giorni.it/articoli_id_21539_l3.htm

"Em nossa região eclesiástica..."; *New York Daily News*, 14 de março de 2013. http://www.nydailynews.com/news/world/popebio-article-1.1287994

SOBRE A BELEZA

"Poucas coisas são mais comoventes..."; dissertação do arcebispo na Adepa, 6 de abril de 2006. http://www.arzbaires.org.ar/inicio/homilias.html

"Por ser humana...". ; dissertação do arcebispo na Adepa, 6 de abril de 2006. http://www.arzbaires.org.ar/inicio/homilias.html

SOBRE SER ELEITO PAPA

"Como vocês sabem..."; primeira bênção como papa, 13 de março de 2013.

"Que Deus os perdoe."; no primeiro jantar com os cardeais, após a eleição como papa.

SOBRE ESTAR CERTO... E ERRADO

"Não tenho todas as respostas..."; *O papa Francisco: conversas com Jorge Bergoglio* (Campinas: Verus, 2013).

SOBRE CASAMENTOS DO TIPO "NOIVA NEURÓTICA"

"Em algumas igrejas..."; *Sobre o céu e a terra* (São Paulo: Paralela, 2013).

SOBRE BUENOS AIRES

"Cidade distraída..."; homilia do arcebispo de Buenos Aires por ocasião da missa de primeiro aniversário da tragédia de Cromagnón,* 30 de dezembro de 2005. http://www.arzbaires.org.ar/inicio/homilias.html

"Para muitos, Buenos Aires..."; *Vatican Insider*, 15 de dezembro de 2011. http://vaticaninsider.lastampa.it/en/news/detail/articolo/america-del-sud-south-america-america-del-sur-10811/

"Na escola nos ensinaram..."; homilia, 23 de setembro de 2011.

"Esta cidade não sabe..."; homilia, 23 de março de 2012. http://www.aicaold.com.ar/docs_blanco.php?id=1888

"Como é bom andar..."; homilia do arcebispo na solenidade de Corpus Christi, 24 de maio de 2008. http://www.arzbaires.org.ar/inicio/homilias.html

"Quando rezo pela..."; palavras iniciais do arcebispo no I Congresso Regional da Pastoral Urbana, 25 de agosto de 2011. http://www.arzbaires.org.ar/inicio/homilias.html

---

* República Cromagnón era o nome de uma danceteria de Buenos Aires que sofreu um incêndio, em 30 de dezembro de 2004, resultando na morte de 194 pessoas e mais de 1.400 feridos. (N. da T.)

SOBRE CARDEAIS

"O cardinalato é..."; *Vatican Insider*, 24 de fevereiro de 2013.

"Cardeais não são representantes de ONGs..."; *Vatican Insider*, 24 de fevereiro de 2012. http://www.catholiceducation.org/articles/religion/re1170.htm

SOBRE CATEQUISTAS

"Espero que não haja..."; palavras do arcebispo no início do Encontro Arquidiocesano de Catequese, 12 de março de 2005. http://www.arzbaires.org.ar/inicio/homilias.html

SOBRE A VIDA CATÓLICA

"Quando não se anda..."; homilia, primeira missa papal, 14 de março de 2013.

"Caminhar, construir..."; homilia, primeira missa papal, 14 de março de 2013.

SOBRE SACERDOTES CELIBATÁRIOS

"Se, hipoteticamente..."; *Sobre o céu e a terra* (São Paulo: Paralela, 2013).

SOBRE FALHAS DE CARÁTER

"Não é inconstante..."; homilia do arcebispo no Te Deum de 25 de maio de 2011. http://www.arzbaires.org.ar/inicio/homilias.html

"Fiquei surpreso e perplexo..."; mensagem de Quaresma do arcebispo Jorge Mario Bergoglio. Quarta-Feira de Cinzas, 22 de fevereiro de 2012. http://www.arzbaires.org.ar/inicio/homilias.html

SOBRE O TRABALHO INFANTIL

"A promoção e o fortalecimento..."; *Carta para a juventude*, 1º de outubro de 2005. http://www.arzbaires.org.ar/inicio/homilias.html

SOBRE AS CRIANÇAS

"Que mundo estamos..."; dissertação do monsenhor Jorge Mario Bergoglio na sede da Associação Cristã de Empresários, sobre o tema educação, 1º de setembro de 1999. http://www.arzbaires.org.ar/inicio/homilias.html

"Temos em nossas mãos..."; homilia do arcebispo na Missa pela Educação, 6 de abril de 2005. http://www.arzbaires.org.ar/inicio/homilias.html

"Temos que ter consciência..."; *Carta para a juventude*, 1º de outubro de 2005. http://www.arzbaires.org.ar/inicio/homilias.html

"Tantas crianças não sabem..."; mensagem do arcebispo aos sacerdotes, religiosos e fiéis laicos da Arquidiocese, 25 de fevereiro de 2004. http://www.arzbaires.org.ar/inicio/homilias.html

"Crianças são maltratadas..."; discurso, 2 de outubro de 2007. http://www.lifesitenews.com/news/archive/ldn/2007/oct/07100509

SOBRE ESCOLHAS

"A cada dia, todos nós enfrentamos..."; homilia do arcebispo no Te Deum de 25 de maio de 2003. http://www.arzbaires.org.ar/inicio/homilias.html

SOBRE A ESCOLHA DO NOME FRANCISCO

"O homem dos pobres..."; entrevista coletiva no Vaticano, 16 de março de 2013.

"Francisco também é o homem da paz..."; entrevista coletiva no Vaticano, 16 de março de 2013. http://www.usatoday.com/story/news/world/2013/03/16/pope-francis-press-conference/1992355/

"[Ele] trouxe ao cristianismo...". *Sobre o céu e a terra* (São Paulo: Paralela, 2013).

SOBRE A VIDA CRISTÃ

"A verdade cristã é atraente..."; discurso a cardeais, *The Vatican Today*, 15 de março de 2013. http://www.news.va/en/news/pope-francis-to-cardinals-like-good-wine-that-impr

"[Viver] a vida cristã..."; *O papa Francisco: conversas com Jorge Bergoglio* (Campinas: Verus, 2013).

"A vida cristã é sempre..."; homilia do cardeal Bergoglio ao inaugurar o Congresso de Evangelização da Cultura, 11 de março de 2006. http://www.arzbaires.org.ar/inicio/homilias.html

"Na vida de todo cristão..."; homilia do cardeal Bergoglio ao inaugurar o Congresso de Evangelização da Cultura, 11 de março de 2006. http://www.arzbaires.org.ar/inicio/homilias.html

SOBRE O NATAL

"O que é o espírito de Natal?..."; *La Nación*, 23 de dezembro de 2011.

SOBRE A IGREJA

"Uma Igreja autorreferencial..."; *O papa Francisco: conversas com Jorge Bergoglio* (Campinas: Verus, 2013).

"Se, ao longo da história..."; *Sobre o céu e a terra* (São Paulo: Paralela, 2013).

"A Igreja é mãe..."; "A homilia dominical na América Latina", intervenção do arcebispo na plenária da Comissão para a América Latina, 19 de janeiro de 2005. http://www.arzbaires.org.ar/inicio/homilias.html

"A Igreja foi, é..."; homilia do cardeal Jorge Mario Bergoglio na abertura da Assembleia do Episcopado, 23 de abril de 2007. http://www.arzbaires.org.ar/inicio/homilias.html

"Como eu adoraria uma Igreja..."; entrevista coletiva no Vaticano, 16 de março de 2013. http://www.huffingtonpost.com/huff-wires/20130316/eu-vatican-pope/

"Não devo me escandalizar..."; Vincent J. Miller, "Quotes from Pope Francis", *America Magazine*, 13 de março de 2013. http://americamagazine.org/content/all-things/quotes-pope-francis

SOBRE A IGREJA EM BUENOS AIRES

"Em vez de apenas ser..."; *Vatican Insider*, 24 de fevereiro de 2013. http://vaticaninsider.lastampa.it/en/inquiries-and-interviews/detail/articolo/america-latina-latin-america-america-latina-12945/

SOBRE A POLÍTICA DA IGREJA

"O papa..."; Andrea Tornielli, "Careerism and Vanity: Sins of the Church", *Vatican Insider*, 24 de fevereiro de 2012. http://vaticaninsider.lastampa.it/en/inquiries-and-interviews/detail/articolo/america-latina-latin-america-america-latina-12945/

"Há setores dentro das..."; *Sobre o céu e a terra* (São Paulo; Paralela, 2013).

"Sei que para as religiões..."; *Sobre o céu e a terra* (São Paulo: Paralela, 2013).

SOBRE A ÊNFASE DA IGREJA NO SOFRIMENTO

"É verdade que em alguns momentos..."; *O papa Francisco: conversas com Jorge Bergoglio* (Campinas: Verus, 2013).

SOBRE AS CIDADES

"Toda grande cidade..."; palavras do arcebispo na abertura do Encontro Arquidiocesano de Catequese, 12 de março de 2005. http://www.arzbaires.org.ar/inicio/homilias.html

"A cidade é também uma mãe."; homilia do arcebispo de Buenos Aires por ocasião da missa de primeiro aniversário da tragédia da boate República Cromagnón, 30 de dezembro de 2005. http://www.arzbaires.org.ar/inicio/homilias.html

SOBRE CIDADANIA

"A sociedade política só vai resistir..."; "Abandonar a nostalgia e o pessimismo e dar lugar a nossa sede de encontro", 25 de maio de 1999. http://www.arzbaires.org.ar/inicio/homilias.html

"Somos pessoas históricas..."; mensagem do arcebispo às comunidades educacionais, março de 2002. http://www.arzbaires.org.ar/inicio/homilias.html

"Nós não devemos esperar..."; homilia do arcebispo no Te Deum de 25 de maio de 2003. http://www.arzbaires.org.ar/inicio/homilias.html

"As pessoas são sujeitos históricos..."; conferência do arcebispo na XIII Jornada Arquidiocesana da Pastoral Social, 16 de outubro de 2010. http://www.arzbaires.org.ar/inicio/homilias.html

SOBRE A CIVILIZAÇÃO

"É possível construir uma nova..."; homilia, 25 de setembro de 2004.

SOBRE O CONCLAVE

"O período do conclave esteve cheio..."; papa Francisco aos cardeais, *The Vatican Today*, 15 de março de 2013. http://www.news.va/en/news/pope-francis-to-cardinals-like-good-wine-that-impr

SOBRE O DIÁLOGO

"Seria possível..."; mensagem do arcebispo às comunidades educacionais, março de 2002. http://www.arzbaires.org.ar/inicio/homilias.html

"Para dialogar é preciso..."; *Sobre o céu e a terra* (São Paulo: Paralela, 2013).

"O verdadeiro crescimento..."; mensagem do arcebispo às comunidades educacionais, março de 2002. http://www.arzbaires.org.ar/inicio/homilias.html

SOBRE A CRIATIVIDADE

"O desafio de seres criativos é..."; mensagem do arcebispo às comunidades educacionais, 9 de abril de 2003. http://www.arzbaires.org.ar/inicio/homilias.html

"Se para construir algo..."; mensagem do arcebispo às comunidades educacionais, 9 de abril de 2003. http://www.arzbaires.org.ar/inicio/homilias.html

SOBRE A CRÍTICA AOS LÍDERES DA ARGENTINA

"Em vez de impedir..."; Mark Rice-Oxley, "Pope Francis: The Humble Pontiff with Practical Approach to Poverty", *The Guardian*, 13 de março de 2013. http://www.guardian.co.uk/world/2013/mar/13/jorge-mario-bergoglio-pope-poverty

SOBRE A MORTE

"A morte está todos os dias..."; *O papa Francisco: conversas com Jorge Bergoglio* (Campinas: Verus, 2013).

SOBRE A MORTE DO PRESIDENTE ARGENTINO NÉSTOR KIRCHNER

"E hoje estamos aqui..."; homilia do arcebispo de Buenos Aires, cardeal Jorge Mario Bergoglio, por ocasião da missa de sufrágio de Néstor Kirchner, 27 de outubro de 2010. http://www.arzbaires.org.ar/inicio/homilias.html

SOBRE A PENA DE MORTE

"A pena de morte..."; *Sobre o céu e a terra* (São Paulo: Paralela, 2013).

SOBRE A DEMOCRACIA

"É claro que participar da..."; *Sobre o céu e a terra* (São Paulo: Paralela, 2013).

SOBRE O DEMÔNIO

"O demônio é..."; *Sobre o céu e a terra* (São Paulo: Paralela, 2013).

"Quem não ora..."; primeira homilia como papa, 15 de março de 2013.

"E, na experiência pessoal..."; *Sobre o céu e a terra* (São Paulo: Paralela, 2013).

SOBRE A DIGNIDADE

"Não existe uma única..."; homilia do arcebispo na Missa pela Educação, 18 de abril de 2007. http://www.arzbaires.org.ar/inicio/homilias.html

"Quando uma pessoa ou um povo..."; homilia do arcebispo na Festa de São Caetano, 7 de agosto de 2007. http://www.arzbaires.org.ar/inicio/homilias.html

SOBRE A DÚVIDA

"Os grandes dirigentes..."; *Sobre o céu e a terra* (São Paulo: Paralela, 2013).

SOBRE AS DROGAS

"O álcool e as drogas..."; *The Guardian*, 16 de março de 2013. http://www.guardian.co.uk/world/2013/mar/14/new-pope-francis-in-his-own-words

SOBRE A EDUCAÇÃO

"A educação é a genuína..."; homilia do arcebispo na Missa pela Educação, 27 de abril de 2006. http://www.arzbaires.org.ar/inicio/homilias.html

SOBRE O ELITISMO

"A impaciência das elites..."; homilia do arcebispo no Te Deum de 25 de maio de 2004. http://www.arzbaires.org.ar/inicio/homilias.html

SOBRE O EVANGELISMO

"Temos que sair..."; homilia do monsenhor Jorge Mario Bergoglio, no Encontro Arquidiocesano de Catequese, 11 de março de 2000. http://www.arzbaires.org.ar/inicio/homilias.html

SOBRE A EXCLUSIVIDADE

"Às vezes eu me pergunto..."; palavras do arcebispo na abertura do Encontro Arquidiocesano de Catequese, 12 de março de 2005. http://www.arzbaires.org.ar/inicio/homilias.html

SOBRE A FÉ

"As pessoas perguntam..."; *Washington Post*, 8 de agosto de 2003.

"Bento XVI insistiu..."; Andrea Tornielli, "Careerism and Vanity: Sins of the Church", *Vatican Insider*, 24 de fevereiro de 2012. http://vaticaninsider.lastampa.it/en/inquiries-and-interviews/detail/articolo/america-latina-latin-america-america-latina-12945/

SOBRE A FAMILIA

"A família é o centro natural..."; *Parish and Family*, 18 de janeiro de 2007.

"A Igreja tenta demonstrar..."; *Parish and Family*, 18 de janeiro de 2007.

"Os papéis de paternidade..."; *Parish and Family*, 18 de janeiro de 2007.

SOBRE SUA HISTÓRIA FAMILIAR

"[Meus pais] se conheceram..."; *O papa Francisco: conversas com Jorge Bergoglio* (Campinas: Verus, 2013).

SOBRE SEU PRIMEIRO TUÍTE

"Queridos amigos, agradeço-lhes..."; Twitter, @Pontifex

SOBRE O FUTEBOL COMO METÁFORA PARA A VIDA

"É como no futebol..."; homilia do cardeal no Encontro Arquidiocesano de Catequese, 10 de março de 2012. http://www.arzbaires.org.ar/inicio/homilias.html

SOBRE NEGÓCIOS INTERNACIONAIS

"O dinheiro também tem pátria..."; *Sobre o céu e a terra* (São Paulo: Paralela, 2013).

SOBRE O PERDÃO

"Pedimos a graça..."; homilia, 17 de março de 2013.

"Se Deus não perdoasse..."; homilia, 17 de março de 2013.

SOBRE A FRAGILIDADE

"Convido vocês a reconhecer..."; mensagem do arcebispo aos catequistas, 21 de agosto de 2003. http://www.arzbaires.org.ar/inicio/homilias.html

"Deus, quando olha..."; missa de crisma, 8 de abril de 2004. http://www.arzbaires.org.ar/inicio/homilias.html

SOBRE A LIBERDADE

"A cegueira de espírito..."; homilia do arcebispo no Te Deum de 25 de maio de 2004. http://www.arzbaires.org.ar/inicio/homilias.html

"Esta é a luta..."; homilia da Missa pela Educação, 4 de setembro de 2003. http://www.arzbaires.org.ar/inicio/homilias.html

SOBRE O FUTURO

"Em nenhum outro momento..."; mensagem do arcebispo às comunidades educacionais, março de 2002. http://www.arzbaires.org.ar/inicio/homilias.html

SOBRE DAR DINHEIRO A MENDIGOS

"Às vezes pergunto a quem..."; *Sobre o céu e a terra* (São Paulo: Paralela, 2013).

SOBRE A GLOBALIZAÇÃO

"Para combater os efeitos..."; *La Stampa*, dezembro de 2001.

"Se concebermos a globalização..."; *Sobre o céu e a terra* (São Paulo: Paralela, 2013).

"A globalização, como uma..."; discurso do arcebispo no V Celam, maio de 2007. http://www.arzbaires.org.ar/inicio/homilias.html

“A globalização, como uma imposição...”; mensagem do arcebispo às comunidades educacionais, março de 2002. http://www.arzbaires.org.ar/inicio/homilias.html

“A globalização que uniformiza...”; *Sobre o céu e a terra* (São Paulo: Paralela, 2013).

“A globalização tem significado...”; discurso do arcebispo no V Celam, maio de 2007. http://www.arzbaires.org.ar/inicio/homilias.html

“De Bangcoc a São Paulo...”; mensagem do arcebispo às comunidades educacionais, março de 2002. http://www.arzbaires.org.ar/inicio/homilias.html

SOBRE DEUS

“Quando alguém é autossuficiente...”; *Sobre o céu e a terra* (São Paulo: Paralela, 2013).

“O que mais importa para Deus...”; homilia da missa de crisma, 17 de abril de 2003. http://www.arzbaires.org.ar/inicio/homilias.html

“Podemos dizer, sem ser irreverentes...”; mensagem do arcebispo às comunidades educacionais, 21 de abril de 2004. http://www.arzbaires.org.ar/inicio/homilias.html

“Deus não é como os ídolos...”; homilia do arcebispo na Festa de São Caetano, 7 de agosto de 2006. http://www.arzbaires.org.ar/inicio/homilias.html

“Deus não é uma espécie de Andreani...”; *Sobre o céu e a terra* (São Paulo: Paralela, 2013).

SOBRE AS DÁDIVAS DE DEUS

“Quando o homem fica só...”; *Sobre o céu e a terra* (São Paulo: Paralela, 2013).

SOBRE AS PROMESSAS DE DEUS

"Ele não promete riqueza ou poder..."; homilia do arcebispo pronunciada na Catedral Metropolitana pelos falecidos da discoteca no aniversário de um mês do acontecimento, 30 de janeiro de 2005. http://www.arzbaires.org.ar/inicio/homilias.html

SOBRE AS BOAS INTENÇÕES

"A intenção não basta..."; mensagem do arcebispo às comunidades educacionais, 21 de abril de 2004. http://www.arzbaires.org.ar/inicio/homilias.html

SOBRE A FOFOCA

"O que é a fofoca?..."; *O papa Francisco: conversas com Jorge Bergoglio* (Campinas: Verus, 2013).

SOBRE SEU MAIOR MEDO

"É verdade que a cultura hedonista..."; *Sobre o céu e a terra* (São Paulo: Paralela, 2013).

SOBRE GURUS

"Não existe nenhum guru..."; homilia do arcebispo de Buenos Aires, cardeal Jorge Mario Bergoglio, na missa na Catedral Metropolitana, no aniversário de um mês da tragédia da estação ferroviária Once,* 23 de março de 2012. http://www.arzbaires.org.ar/inicio/homilias.html

* Acidente ferroviário que deixou cerca de cinquenta mortos e mais de seiscentos feridos, quando uma composição se chocou na plataforma Once, em Buenos Aires. (N. da T.)

SOBRE AJUDAR OS POBRES

"O grande perigo..."; *Sobre o céu e a terra* (São Paulo: Paralela, 2013).

SOBRE SI MESMO

"E, por favor..."; homilia do arcebispo na solenidade de Corpus Christi, 9 de junho de 2007. http://www.arzbaires.org.ar/inicio/homilias.html.

"Não gosto de falar sobre..."; homilia do arcebispo de Buenos Aires, cardeal Jorge Mario Bergoglio, no Santuário Nossa Senhora Mãe dos Emigrantes, por ocasião da celebração de eucaristia do Dia do Imigrante, 7 de setembro de 2008. http://www.arzbaires.org.ar/inicio/homilias.html

SOBRE HOMILIAS

"Uma boa homilia dominical..."; "A homilia dominical na América Latina", intervenção do arcebispo na plenária da Comissão para a América Latina, 19 de janeiro de 2005. http://www.arzbaires.org.ar/inicio/homilias.html

"A homilia não é tanto..."; "A homilia dominical na América Latina", intervenção do arcebispo na plenária da Comissão para a América Latina, 19 de janeiro de 2005. http://www.arzbaires.org.ar/inicio/homilias.html

SOBRE A HOMOSSEXUALIDADE

"O ministro religioso às vezes..."; *Sobre o céu e a terra* (São Paulo: Paralela, 2013).

SOBRE A ESPERANÇA

"A esperança é a capacidade..."; mensagem do arcebispo às comunidades educacionais, 29 de março de 2000. http://www.arzbaires.org.ar/inicio/homilias.html

"Onde há esperança..."; homilia da Missa pela Educação, 10 de abril de 2002. http://www.arzbaires.org.ar/inicio/homilias.html

SOBRE OS SERES HUMANOS

"Existem dois tipos de homens..."; homilia de 2003.

SOBRE OS DIREITOS HUMANOS

"Os direitos humanos são..."; Mark Rice-Oxley, "Pope Francis: The Humble Pontiff with Practical Approach to Poverty", *The Guardian*, 13 de março de 2013. http://www.guardian.co.uk/world/2013/mar/13/jorge-mario-bergoglio-pope-poverty

SOBRE O TRÁFICO HUMANO E A ESCRAVIDÃO

"Não à escravidão..."; homilia do arcebispo na Praça Constitución, 4 de setembro de 2009. http://www.arzbaires.org.ar/inicio/homilias.html

SOBRE A HUMANIDADE

"Todo ser humano..."; mensagem do arcebispo às comunidades educacionais, março de 2002. http://www.arzbaires.org.ar/inicio/homilias.html

"Nós, seres humanos..."; mensagem do arcebispo às comunidades educacionais, 10 de abril de 2007. http://www.arzbaires.org.ar/inicio/homilias.html

SOBRE SUA HUMILDADE

"Vou ficar aqui embaixo."; recusando-se a subir numa plataforma em sua primeira aparição como papa, o que o colocaria acima dos cardeais ao redor dele, 13 de março de 2013.

SOBRE HIPÓCRITAS NA IGREJA

"Devemos nos comprometer..."; discurso, Documento de Aparecida, 2 de outubro de 2007.

SOBRE A IDOLATRIA

"O mais perigoso..."; intervenção do arcebispo durante o serviço de Segulot, em preparação para o Rosh Hashaná, na sinagoga da Rua Vidal, 2.049, Buenos Aires , 11 de setembro de 2004. http://www.arzbaires.org.ar/inicio/homilias.html

SOBRE IMAGENS E INFORMAÇÃO

"Quando as imagens e a informação..."; III Congresso de Comunicadores, "Comunicador, ¿Quién es tu prójimo?", 10 de outubro de 2002. http://www.arzbaires.org.ar/inicio/homilias.html

SOBRE IMIGRANTES E IMIGRAÇÃO

"Parece que aqui ninguém..."; homilia do arcebispo de Buenos Aires, cardeal Jorge Mario Bergoglio, no Santuário Nossa Senhora Mãe dos Emigrantes, por ocasião da celebração de eucaristia do Dia do Imigrante, 7 de setembro de 2008. http://www.arzbaires.org.ar/inicio/homilias.html

"Confesso a vocês..."; homilia do arcebispo de Buenos Aires, cardeal Jorge Mario Bergoglio, no Santuário Nossa Senhora Mãe dos Emigrantes, por ocasião da celebração de eucaristia do Dia do Imigrante, 7 de setembro de 2008. http://www.arzbaires.org.ar/inicio/homilias.html

SOBRE A INDIFERENÇA

"A indiferença é perigosa..."; homilia do arcebispo no Te Deum de 25 de maio de 2003. http://www.arzbaires.org.ar/inicio/homilias.html

"Aqueles de nós que não fazem nada..."; homilia do arcebispo de Buenos Aires, cardeal Jorge Mario Bergoglio, no Santuário Nossa Senhora Mãe dos Emigrantes, por ocasião da celebração de eucaristia do Dia do Imigrante, 7 de setembro de 2008. http://www.arzbaires.org.ar/inicio/homilias.html

"Não temos o direito de..."; homilia do arcebispo no Te Deum de 25 de maio de 2003. http://www.arzbaires.org.ar/inicio/homilias.html

SOBRE A DESIGUALDADE

"Devemos nos indignar..."; discurso, agosto de 2012. http://www.abc.es/sociedad/20130314/abci-bergoglio-frases-francisco-201303140850.html

SOBRE A INJUSTIÇA

"Talvez a pior injustiça..."; mensagem do arcebispo às comunidades educacionais, 29 de maio de 2000. http://www.arzbaires.org.ar/inicio/homilias.html

"Diante das graves formas..."; Cátedra João Paulo II, Congresso sobre a Veritatis Splendor – dissertação de clausura do arcebispo, 25 de setembro de 2004. http://www.arzbaires.org.ar/inicio/homilias.html

"Não basta evitarmos..."; vigília pascoal/observância da Páscoa, 26 de março de 2005. http://www.arzbaires.org.ar/inicio/homilias.html

SOBRE OS JESUÍTAS

"Entrei para a Companhia de Jesus..."; *O papa Francisco: conversas com Jorge Bergoglio* (Campinas: Verus, 2013).

SOBRE JESUS

"Jesus se preocupou..."; missa de crisma, 17 de abril de 2003. http://www.arzbaires.org.ar/inicio/homilias.html

"Jesus não nos quer parados..."; homilia do arcebispo na solenidade de Corpus Christi, 24 de maio de 2008. http://www.arzbaires.org.ar/inicio/homilias.html

SOBRE OS JUDEUS

"Espero sinceramente..."; *Carta ao rabino-chefe de Roma*, 14 de março de 2013.

SOBRE A AMÉRICA LATINA

"A Igreja é muito consciente..."; discurso, 2 de outubro de 2007. http://www.lifesitenews.com/news/archive/ldn/2007/oct/07100509

"Como o resto do mundo, a América Latina..."; "Religiosidade popular como incultura da fé", 19 de janeiro de 2008. http://www.arzbaires.org.ar/inicio/homilias.html

SOBRE A LEI

"Das velhas 'regras de cortesia'..."; homilia do arcebispo na Missa pela Educação, 27 de abril de 2006. http://www.arzbaires.org.ar/inicio/homilias.html

SOBRE A LIDERANÇA

"A liderança é uma arte..."; conferência do arcebispo na XIII Jornada Arquidiocesana da Pastoral Social, 16 de outubro de 2010. http://www.arzbaires.org.ar/inicio/homilias.html

"Todo líder, para se tornar um verdadeiro..."; conferência do arcebispo na XIII Jornada Arquidiocesana da Pastoral Social, 16 de outubro de 2010. http://www.arzbaires.org.ar/inicio/homilias.html

"A verdadeira liderança..."; conferência do arcebispo na XIII Jornada Arquidiocesana da Pastoral Social, 16 de outubro de 2010. http://www.arzbaires.org.ar/inicio/homilias.html

SOBRE A VIDA

"A vida não tem preço."; homilia, 23 de março de 2012. http://www.aicaold.com.ar/docs_blanco.php?id=1888

SOBRE A VIDA NO SÉCULO XXI

"É a idade do 'pensamento fraco'."; homilia do arcebispo no Te Deum de 25 de maio de 2004. http://www.arzbaires.org.ar/inicio/homilias.html

"Curiosamente, jamais tivemos tanta informação..."; homilia do arcebispo no Te Deum de 25 de maio de 2004. http://www.arzbaires.org.ar/inicio/homilias.html

SOBRE O OUVIR

"Nem sempre é fácil ouvir..."; Jorge Bergoglio, *El verdadero poder es el servicio* (Buenos Aires: Claretiana, 2007).

"Quantos problemas..."; homilia do arcebispo de Buenos Aires, cardeal Jorge Mario Bergoglio, por ocasião da XXXIV Peregrinação Juvenil a Pé a Luján, 5 de outubro de 2008. http://www.arzbaires.org.ar/inicio/homilias.html

"Ouvir é também a capacidade..."; *El verdadero poder es el servicio* (Buenos Aires: Claretiana, 2007).

SOBRE O AMOR

"Amar é muito mais que..."; homilia do arcebispo na Missa pela Educação, 27 de abril de 2006. http://www.arzbaires.org.ar/inicio/homilias.html

"Mas, padre..."; homilia do arcebispo na Missa pela Educação, 21 de abril de 2004. http://www.arzbaires.org.ar/inicio/homilias.html

SOBRE A MENTIRA

"Mentiras e roubo..."; mensagem do arcebispo às comunidades educacionais, março de 2002. http://www.arzbaires.org.ar/inicio/homilias.html

SOBRE O CASAMENTO

"Quando o marido ou a esposa..."; homilia, 17 de fevereiro de 2010. http://www.arzbaires.org.ar/inicio/homilias.html

SOBRE A MATURIDADE

"Creio que uma meditação..."; vigília pascoal/observância da Páscoa, 26 de março de 2005. http://www.arzbaires.org.ar/inicio/homilias.html

"Se a maturidade for apenas..."; vigília pascoal/observância da Páscoa, 26 de março de 2005. http://www.arzbaires.org.ar/inicio/homilias.html

"Maturidade implica tempo."; vigília pascoal/observância da Páscoa, 26 de março de 2005. http://www.arzbaires.org.ar/inicio/homilias.html

SOBRE A MÍDIA

"Estejam certos de que a Igreja..."; entrevista coletiva no Vaticano, 16 de março de 2013.

"Jornalistas sempre se apresentam..."; dissertação do arcebispo na Adepa, 6 de abril de 2006. http://www.arzbaires.org.ar/inicio/homilias.html

"Quando as notícias só..."; dissertação do arcebispo na Adepa, 6 de abril de 2006. http://www.arzbaires.org.ar/inicio/homilias.html

"Os meios de comunicação podem"; III Congresso de Comunicadores, "Comunicador, ¿Quién es tu prójimo?", 10 de outubro de 2002. http://www.arzbaires.org.ar/inicio/homilias.html

"O papel da comunicação de massa se expandiu..."; entrevista coletiva no Vaticano, 16 de março de 2013.

SOBRE A MEDIOCRIDADE

"A mediocridade é a melhor droga..."; homilia do arcebispo no Te Deum de 25 de maio de 2004. http://www.arzbaires.org.ar/inicio/homilias.html

SOBRE AS MEMÓRIAS

"Criar memórias..."; vigília pascoal/observância da Páscoa, 26 de março de 2005. http://www.arzbaires.org.ar/inicio/homilias.html

"A manipulação da memória..."; vigília pascoal/observância da Páscoa, 26 de março de 2005. http://www.arzbaires.org.ar/inicio/homilias.html

SOBRE A MISERICÓRDIA

"Um pouco de misericórdia..."; homilia, 17 de março de 2013.

"Somente alguém que encontrou misericórdia..."; John L. Allen Jr., "Profile: New Pope, Jesuit Bergoglio, Was Runner-Up in 2005 Conclave", *National Catholic Reporter*, março de 2013. http://ncronline.org/blogs/ncr-today/papabile-day-men-who-could-be-pope-13

"Misericórdia é a mais poderosa..."; homilia, 17 de março de 2013.

SOBRE SUA MISSÃO COMO PAPA

"E agora, vamos iniciar esta jornada..."; primeira bênção como papa, 13 de março de 2013.

SOBRE OS MAUS-TRATOS A CRIANÇAS

"Ninguém tem o direito de fazer experimentos..."; homilia do arcebispo pronunciada na Catedral Metropolitana pelos falecidos da discoteca no aniversário de um mês do acontecimento, 30 de janeiro de 2005. http://www.arzbaires.org.ar/inicio/homilias.html

"O que está acontecendo com nossas crianças?..."; vigília pascoal/observância da Páscoa, 26 de março de 2005. http://www.arzbaires.org.ar/inicio/homilias.html

SOBRE O DINHEIRO

"A medida de cada..."; homilia do arcebispo na Missa pela Educação, 18 de abril de 2007. http://www.arzbaires.org.ar/inicio/homilias.html

SOBRE A MORAL

"Falamos de moral porque..."; Giacomo Galeazzi, "Cardinal Bergoglio Defends South America's Christian Roots", *Vatican Insider*, 15 de dezembro de 2011. http://vaticaninsider.lastampa.it/en/news/detail/articolo/america-del-sud-south-america-america-del-sur-10811/

SOBRE A REAÇÃO DE SUA MÃE QUANDO ELE ESCOLHEU O SACERDÓCIO

"Quando entrei para o seminário..."; *O papa Francisco. conversas com Jorge Bergoglio* (Campinas: Verus, 2013).

SOBRE O NEOLIBERALISMO

"A crise socioeconômica..."; "Pope Francis – In His Own Words", *The Guardian*, 14 de março de 2013. http://www.guardian.co.uk/world/2013/mar/14/new-pope-francis-in-his-own-words

"Na predominante cultura neoliberal..."; discurso do arcebispo no V Celam, Aparecida, maio de 2007. http://www.arzbaires.org.ar/inicio/homilias.html

SOBRE SER PAIS

"Sem essas três atitudes..."; homilia do arcebispo pronunciada na celebração do Dia da Criança por Nascer, 25 de março de 2004. http://www.arzbaires.org.ar/inicio/homilias.html

"Só uma mãe e um pai..."; homilia do arcebispo na Festa de São Caetano, 7 de agosto de 2007. http://www.arzbaires.org.ar/inicio/homilias.html

SOBRE AS FESTAS E O ATO DE FESTEJAR

"A festa ocupa um lugar importante..."; "Religiosidade popular como incultura da fé", 19 de janeiro de 2008. http://www.arzbaires.org.ar/inicio/homilias.html

SOBRE O PASSADO

"Aquilo que foi um pecado e uma injustiça..."; homilia do arcebispo na solenidade de Corpus Christi, 9 de junho de 2007. http://www.arzbaires.org.ar/inicio/homilias.html

SOBRE PADRES PEDÓFILOS

"Que o celibato traga como consequência a pedofilia..."; *Sobre o céu e a terra* (São Paulo: Paralela, 2013).

"Essa solução, acho que já foi proposta..."; *Sobre o céu e a terra* (São Paulo: Paralela, 2013).

SOBRE O PESSIMISMO

"Nunca nos deixemos abater..."; discurso a cardeais, *The Vatican Today*, 15 de março de 2013. http://www.vatican.va/holy_father/francesco/speeches/2013/march/documents/papa-francesco_20130315_cardinali_en.html

SOBRE A POLÍTICA

"A política é uma atividade nobre..."; "Pope Francis: From Abortion to the Falklands", *The Telegraph*, 13 de março de 2013. http://www.telegraph.co.uk/news/religion/the-pope/9928854/Pope-Francis-from-abortion-to-the-Falklands-the-new-pontiffs-top-quotes.html

SOBRE OS POLÍTICOS

"Às vezes eles têm que apagar um incêndio..."; Jornada Arquidiocesana da Pastoral Social, 2001. http://www.arzbaires.org.ar/inicio/homilias.html

"Algumas pessoas me dizem..."; homilia do arcebispo na Festa de São Caetano, 7 de agosto de 2008. http://www.arzbaires.org.ar/inicio/homilias.html

SOBRE O PAPA BENTO XVI

"Penso com grande afeto..."; discurso a cardeais, *The Vatican Today*, 15 de março de 2013.

"Foi Deus quem inspirou a decisão..."; entrevista coletiva no Vaticano, 16 de março de 2013.

SOBRE POSSIBILIDADES

"A história humana, nossa história..."; mensagem do arcebispo às comunidades educacionais, 9 de abril de 2003. http://www.arzbaires.org.ar/inicio/homilias.html

SOBRE A POBREZA

"Uma comunidade que deixa de se ajoelhar..."; mensagem do arcebispo às comunidades educacionais, março de 2002. http://www.arzbaires.org.ar/inicio/homilias.html

"Existe algo mais humilhante que..."; mensagem do arcebispo às comunidades educacionais, março de 2002. http://www.arzbaires.org.ar/inicio/homilias.html

SOBRE O PODER

"Se o mais poderoso usou..."; homilia do arcebispo na Festa de São Caetano, 7 de agosto de 2005. http://www.arzbaires.org.ar/inicio/homilias.html

"Quem tem um pouco mais de poder..."; homilia do arcebispo na Festa de São Caetano, 7 de agosto de 2005. http://www.arzbaires.org.ar/inicio/homilias.html

SOBRE A ORAÇÃO

"Vamos sempre orar por nós"; primeira bênção como papa, 13 de março de 2013.

SOBRE O SACERDÓCIO

"Ser um sacerdote..."; *Carta aos sacerdotes da Arquidiocese*, 1º de outubro de 1999. http://www.arzbaires.org.ar/inicio/homilias.htm[1]

"A Igreja tem grande necessidade..."; Cátedra João Paulo II. Congresso sobre a Veritatis Splendor – dissertação de clausura do arcebispo, 25 de setembro de 2004. http://www.arzbaires.org.ar/inicio/homilias.html

"Como pastores, cabe a cada..."; "A homilia dominical na América Latina", intervenção do arcebispo na Plenária da Comissão para a América Latina, 19 de janeiro de 2005. http://www.arzbaires.org.ar/inicio/homilias.html

"Jesus nos ensina de outra maneira..."; Douglas Feiden, "Pope Francis, The New Leader of the Catholic Church", *New York Daily News*, 14 de março de 2013. http://www.nydailynews.com/news/world/popebio-article-1.1287994

SOBRE SACERDOTES QUE SE DESVIAM

"Se um deles vem e me diz..."; *Sobre o céu e a terra* (São Paulo: Paralela, 2013).

"A vida dupla não nos faz bem..."; *Sobre o céu e a terra* (São Paulo: Paralela, 2013).

SOBRE VISITAS A PRISÕES

"Para mim custa horrores ir a uma cadeia..."; *Sobre o céu e a terra* (São Paulo: Paralela, 2013).

SOBRE O TRANSPORTE PÚBLICO

"Uso o metrô quase sempre..."; *O papa Francisco: conversas com Jorge Bergoglio* (Campinas: Verus, 2013).

SOBRE NOSSO RELACIONAMENTO COM DEUS

"Se fecharmos a porta de nosso coração..."; homilia do cardeal Jorge Mario Bergoglio por ocasião da celebração do Domingo de Ramos na Basílica de San José de Flores, 15 de março de 2008. http://www.arzbaires.org.ar/inicio/homilias.html

SOBRE A RELAÇÃO ENTRE IGREJA E ESTADO

"Não é ruim quando a religião dialoga..."; *Sobre o céu e a terra* (São Paulo: Paralela, 2013).

SOBRE O RELATIVISMO

"A cidade moderna é relativista..."; palavras iniciais do arcebispo no I Congresso Regional da Pastoral Urbana, 25 de agosto de 2011. http://www.arzbaires.org.ar/inicio/homilias.html

SOBRE A DIVERSIDADE RELIGIOSA

"Os grandes movimentos migratórios..."; Cátedra João Paulo II. Congresso sobre a Veritatis Splendor – dissertação de clausura do arcebispo, 25 de setembro de 2004. http://www.arzbaires.org.ar/inicio/homilias.html

"Reconhecer, aceitar e conviver com todas..."; homilia do arcebispo na Missa pela Educação, 27 de abril de 2006. http://www.arzbaires.org.ar/inicio/homilias.html

SOBRE EXPERIÊNCIAS RELIGIOSAS

"Isso é a experiência religiosa..."; *O papa Francisco: conversas com Jorge Bergoglio* (Campinas: Verus, 2013).

SOBRE A VIDA RELIGIOSA

"Quando andamos sem a cruz..."; homilia, primeira missa papal, 14 de março de 2013.

"Muitas vezes nos sentimos fatigados, cansados..."; mensagem do arcebispo aos sacerdotes, religiosos e fiéis laicos da arquidiocese. Quarta-Feira de Cinzas, 25 de fevereiro de 2004. http://www.arzbaires.org.ar/inicio/homilias.html

"Jesus não pregou sua própria política..."; Gianni Valente, "That Neo-Clericalism Which 'Hijacks' The Sacraments", *Vatican Insider*, 5 de setembro de 2012. http://vaticaninsider.lastampa.it/en/inquiries-and-interviews/detail/articolo/sacramenti-sacramentos-the-sacraments-17899/

SOBRE VOCAÇÕES RELIGIOSAS

"A vocação religiosa..."; *O papa Francisco: conversas com Jorge Bergoglio* (Campinas: Verus, 2013).

SOBRE A RESPONSABILIDADE

"Temos que parar de esconder a dor..."; homilia do arcebispo no Te Deum de 25 de maio de 2003. http://www.arzbaires.org.ar/inicio/homilias.html

SOBRE O PAPEL DO PAPA

"Cristo é o pastor da Igreja..."; entrevista coletiva no Vaticano, 16 de março de 2013.

SOBRE A CÚRIA ROMANA

"Vejo-a como um corpo que oferta serviço..."; *Vatican Insider*, 24 de fevereiro de 2012.

SOBRE ROMA

"Espero que este caminho da Igreja..."; "New Pope Francis's Words After Election", Reuters, 13 de março de 2013. http://www.reuters.com/article/2013/03/13/us-pope-succession-text-idUSBRE92C19Y20130313

SOBRE A SALVAÇÃO

"Não existe meio-termo..."; mensagem do arcebispo na véspera de Natal, 25 de dezembro de 2003. http://www.arzbaires.org.ar/inicio/homilias.html

SOBRE ESCÂNDALOS NA IGREJA

"Olhe para a Igreja, [como] santa e pecadora..."; Andrea Tornielli, "Careerism and Vanity: Sins of the Church", *Vatican Insider*, 24 de fevereiro de 2012. http://vaticaninsider.lastampa.it/en/inquiries-and-interviews/detail/articolo/america-latina-latin-america-america-latina-12945/

SOBRE AS ESCOLAS

"Nossas escolas devem ser um espaço..."; mensagem do arcebispo às comunidades educacionais, 9 de abril de 2003. http://www.arzbaires.org.ar/inicio/homilias.html

"A função essencial da escola..."; *Carta para a juventude*, 1º de outubro de 2005. http://www.arzbaires.org.ar/inicio/homilias.html

"Se nossas escolas não são um espaço..."; mensagem do arcebispo às comunidades educacionais, Páscoa de 2004. http://www.arzbaires.org.ar/inicio/homilias.html

SOBRE O SECTARISMO

"Atitudes sectárias na vida social..."; "Pope Francis – In His Own Words", *The Guardian*, 14 de março de 2013. http://www.guardian.co.uk/world/2013/mar/14/new-pope-francis-in-his-own-words

SOBRE O SERVIÇO

"O serviço é a rejeição à indiferença..."; homilia do arcebispo no Te Deum de 25 de maio de 2001. http://www.arzbaires.org.ar/inicio/homilias.html

"O poder é serviço..."; homilia do arcebispo na Festa de São Caetano, 7 de agosto de 2005. http://www.arzbaires.org.ar/inicio/homilias.html

"Cada vez que a vida colocar diante de nós a opção..."; homilia do arcebispo na Festa de São Caetano, 7 de agosto de 2005. http://www.arzbaires.org.ar/inicio/homilias.html

SOBRE SE RECUSAR A ANDAR DE LIMUSINE DEPOIS DE SE TORNAR PAPA

"Eu vou com o pessoal..."; Nicole Winfield, "Argentine Jorge Bergoglio Elected Pope Francis", Associated Press, 13 de março de 2013. http://bigstory.ap.org/article/cardinals-resume-vote-2nd-day-conclave

SOBRE O SILÊNCIO

"Eu os convido, homens e mulheres..."; palavras do arcebispo na abertura do Encontro Arquidiocesano de Catequese, 12 de março de 2005. http://www.arzbaires.org.ar/inicio/homilias.html

SOBRE O PECADO

"Sentir-se pecador..."; *O papa Francisco: conversas com Jorge Bergoglio* (Campinas: Verus, 2013).

"Para mim o pecado não é uma mancha..."; *O papa Francisco: conversas com Jorge Bergoglio* (Campinas: Verus, 2013).

SOBRE A JUSTIÇA SOCIAL

"A inclusão ou a exclusão..."; "In Their Own Words: Key Cardinals on Important Issues", *AP Worldstream*, 17 de abril de 2005.

SOBRE AS MÍDIAS SOCIAIS

"Tentamos chegar às pessoas..."; Andrea Tornielli, "Careerism and Vanity: Sins of the Church", *Vatican Insider*, 24 de fevereiro de 2012. http://vaticaninsider.lastampa.it/en/inquiries-and-interviews/detail/articolo/america-latina-latin-america-america-latina-12945/

SOBRE O MUNDANISMO ESPIRITUAL

"O mundanismo espiritual..."; Vincent J. Miller, "Quotes from Pope Francis", *America Magazine*, 13 de março de 2013. http://americamagazine.org/content/all-things/quotes-pope-francis

SOBRE AS ESTATÍSTICAS

"Há aqueles que olham..."; palavras do arcebispo na abertura do Encontro Arquidiocesano de Catequese, 12 de março de 2005. http://www.arzbaires.org.ar/inicio/homilias.html

SOBRE O SOFRIMENTO

"É com a dor e com os nossos próprios limites..."; homilia pronunciada pelo arcebispo no Te Deum de 25 de maio de 2002. http://www.arzbaires.org.ar/inicio/homilias.html

"Felizes somos nós que..."; homilia pronunciada pelo arcebispo no Te Deum de 25 de maio de 2006. http://www.arzbaires.org.ar/inicio/homilias.html

"A dor não é uma virtude..."; *O papa Francisco: conversas com Jorge Bergoglio* (Campinas: Verus, 2013).

"Vivemos situações graves..."; mensagem do arcebispo aos sacerdotes, religiosos e fiéis laicos da arquidiocese. Quarta-Feira de Cinzas, 25 de fevereiro de 2004. http://www.arzbaires.org.ar/inicio/homilias.html

SOBRE O SUICÍDIO

"Houve um momento em que não..."; *Sobre o céu e a terra* (São Paulo: Paralela, 2013).

SOBRE O TANGO

"Gosto de tango..."; *O papa Francisco: conversas com Jorge Bergoglio* (Campinas: Verus, 2013).

SOBRE OS PROFESSORES

"Vocês [professores] estão diariamente diante..."; homilia do arcebispo na Missa pela Educação, 6 de abril de 2005. http://www.arzbaires.org.ar/inicio/homilias.html

"Ensinar é uma das apaixonantes..."; homilia do arcebispo na Missa pela Educação, 23 de abril de 2008. http://www.arzbaires.org.ar/inicio/homilias.html

SOBRE A TECNOLOGIA

"Novas realidades exigem novas respostas."; mensagem do arcebispo às comunidades educacionais, 29 de março de 2000. http://www.arzbaires.org.ar/inicio/homilias.html

"É óbvio que não podemos optar por não..."; mensagem do arcebispo às comunidades educacionais, 6 de abril de 2005. http://www.arzbaires.org.ar/inicio/homilias.html

"A tecnologia pode ajudar a criar ou a desorientar..."; homilia de 2002. http://www.arzbaires.org.ar/inicio/homilias.html

SOBRE A TELEVISÃO

"A produção cultural, especialmente..."; *Carta para a juventude*, 1º de outubro de 2005. http://www.arzbaires.org.ar/inicio/homilias.html

SOBRE O TEMPO

"As coisas verdadeiramente importantes..."; vigília pascoal/ observância da Páscoa, 26 de março de 2005. http://www.arzbaires.org.ar/inicio/homilias.html

"'O tempo traz experiência', sim..."; vigília pascoal/ observância da Páscoa, 26 de março de 2005. http://www.arzbaires.org.ar/inicio/homilias.html

"Deixe-me ser claro..."; vigília pascoal/observância da Páscoa, 26 de março de 2005. http://www.arzbaires.org.ar/inicio/homilias.html

SOBRE A VERDADE

"Onde há verdade..."; homilia, 4 de outubro de 2002. http://www.arzbaires.org.ar/inicio/homilias.html

"Quando estamos realmente em busca da verdade..."; dissertação do arcebispo na Adepa, 6 de abril de 2006. http://www.arzbaires.org.ar/inicio/homilias.html

"Em uma sociedade na qual as mentiras, os disfarces..."; mensagem do arcebispo às comunidades educacionais, 9 de abril de 2003. http://www.arzbaires.org.ar/inicio/homilias.html

"Somente com o ensinamento contido em 'a verdade vos libertará'"...; Cátedra João Paulo II. Congresso sobre a Veritatis Splendor – dissertação de clausura do arcebispo, 25 de setembro de 2004. http://www.arzbaires.org.ar/inicio/homilias.html

"A verdade é sempre combativa..."; homilia na Missa pela Educação, 4 de outubro de 2002. http://www.arzbaires.org.ar/inicio/homilias.html

"Verdade, bondade e beleza..."; dissertação do arcebispo na Adepa, 6 de abril de 2006. http://www.arzbaires.org.ar/inicio/homilias.html

"É muito difícil..."; homilia na Missa pela Educação, 10 de abril de 2002. http://www.arzbaires.org.ar/inicio/homilias.html

SOBRE A INCERTEZA

"Continue perguntando por quê."; homilia do arcebispo de Buenos Aires, cardeal Jorge Mario Bergoglio, na missa na Catedral Metropolitana, no aniversário de um mês da tragédia da estação ferroviária Once, 23 de março de 2012. http://www.arzbaires.org.ar/inicio/homilias.html

SOBRE A UNIDADE

"Andar como um povo..."; *Carta do arcebispo aos catequistas de Buenos Aires*, agosto de 2004. http://www.arzbaires.org.ar/inicio/homilias.html

SOBRE A VAIDADE

"A vaidade e o exibicionismo..."; Vincent J. Miller, "Quotes from Pope Francis", *America Magazine*, 13 de março de 2013. http://americamagazine.org/content/all-things/quotes-pope-francis

"Olhe para um pavão..."; Irene Hernandez Velasco, "Bergoglio: 'Los males de la Iglesia se llaman vanidad y arribismo'", *El Mundo*, 14 de março de 2013. http://www.elmundo.es/elmundo/2013/03/14/internacional/1363255333.html

SOBRE O VATICANO E O DINHEIRO

"Sempre se fala do ouro do Vaticano..."; *Sobre o céu e a terra* (São Paulo: Paralela, 2013).

SOBRE A VIRGEM MARIA

"Nossa Senhora transmite da melhor maneira..."; "A homilia dominical na América Latina", intervenção do arcebispo na Plenária da Comissão para a América Latina, 19 de janeiro de 2005. http://www.arzbaires.org.ar/inicio/homilias.html

"Maria era especialista em ouvir."; homilia do arcebispo na Festa de São Caetano, 7 de agosto de 2006. http://www.arzbaires.org.ar/inicio/homilias.html

SOBRE A REALIDADE VIRTUAL

"A realidade virtual..."; mensagem do arcebispo às comunidades educacionais, 29 de março de 2000. http://www.arzbaires.org.ar/inicio/homilias.html

SOBRE A VULNERABILIDADE

"Somente aquele que reconhece sua vulnerabilidade..."; mensagem do arcebispo aos catequistas, 21 de agosto de 2003. http://www.arzbaires.org.ar/inicio/homilias.html

SOBRE A ESPERA

"A capacidade de esperar..."; vigília pascoal/observância da Páscoa, 26 de março de 2005. http://www.arzbaires.org.ar/inicio/homilias.html

SOBRE LAVAR OS PÉS DOS DOENTES DE AIDS

"Esse gesto é um convite..."; John Lyons, Ken Parks e Matthew Cowley, "Father Jorge Rose from Modest Roots", *Wall Street Journal*, 14 de março de 2013. http://online.wsj.com/article/SB100014241278873240777045783585823717757 80.html

SOBRE A DESIGUALDADE DE RIQUEZAS

"Os pobres são perseguidos..."; "Pope Francis: Life in Pictures and Quotes", BBC News, 14 de março de 2013. http://www.bbc.co.uk/news/world-21775333

SOBRE O QUE DIZ AO SE DESPEDIR

"Rezem por mim."; Mandy Fridmann, "Pope Francis Secrets: Journalist Olga Wornat Reveals the Catholic Leader's Innermost Thoughts", *Huffington Post*, 14 de março de 2013. http://www.huffingtonpost.com/2013/03/14/pope-francis-secrets_n_2875669.html

SOBRE O QUE VAI FAZER COMO PAPA

"Reparar minha Igreja em ruínas."; "A Man of Firsts, Pope Francis is Remarkably Humble and Conservative", *Catholic Online*, 14 de março de 2013. http://www.catholic.org/hf/faith/story.php?id=50117

SOBRE O QUE A IGREJA CATÓLICA DEVE A SEUS FIÉIS

"Misericórdia, misericórdia, misericórdia."; Jeffrey Donovan, "Francis Ventures out of Vatican on First Day as Pope", *Bloomberg News*, 14 de março de 2013. http://www.bloomberg.com/news/2013-03-13/argentina-s-cardinal-jorge-bergoglio-is-elected-pope-francis-i.html

SOBRE POR QUE LEVOU QUATRO ANOS PARA ENTRAR NO SEMINÁRIO DEPOIS DE OPTAR PELO SACERDÓCIO

"É verdade que eu era, como toda minha família..."; *O papa Francisco: conversas com Jorge Bergoglio* (Campinas: Verus, 2013).

SOBRE AS MULHERES

"Quando eu era seminarista..."; *Sobre o céu e a terra* (São Paulo: Paralela, 2013).

"O fato de a mulher..."; *Sobre o céu e a terra* (São Paulo: Paralela, 2013).

"A presença feminina na Igreja..."; *Sobre o céu e a terra* (São Paulo: Paralela, 2013).

SOBRE A PALAVRA DE DEUS

"A palavra de Deus sempre oferece uma opção..."; missa de crisma, 13 de abril de 2006. http://www.arzbaires.org.ar/inicio/homilias.html

SOBRE O TRABALHO

"Eu agradeço muito a meu pai..."; *O papa Francisco: conversas com Jorge Bergoglio* (Campinas: Verus, 2013).

"Uma pessoa que trabalha deve tirar um tempo para descansar..."; *O papa Francisco: conversas com Jorge Bergoglio* (Campinas: Verus, 2013).

"O homem não é para o trabalho..."; *O papa Francisco: conversas com Jorge Bergoglio* (Campinas: Verus, 2013).